Asta Scheib (Hrsg.) · Der Höhepunkt der Lust

W0228583

Asta Scheib (Hrsg.)

Der Höhepunkt der Lust

Frauen und Männer
reden über ein Tabu

Mit Beiträgen von
Xenia Frenkel
Marina Gambaroff
Brigitte Lämmle
Udo Schamell

Ullstein

Die Deutsche Bibliothek — CIP-Einheitsaufnahme
Der *Höhepunkt der Lust:* Frauen und Männer reden über ein Tabu /
Asta Scheib (Hrsg.). Mit Beitr. von Xenia Frenkel . . . —
ISBN 3-550-06550-7
NE: Scheib, Asta [Hrsg.]; Frenkel, Xenia

© 1992 by Verlag Ullstein GmbH Frankfurt/M. Berlin
Alle Rechte vorbehalten
Satz: KCS GmbH, Buchholz/Hamburg
Druck und Binden: Wiener Verlag, Himberg bei Wien
Printed in Austria 1992
Umschlaggestaltung: Theodor Bayer-Eynck
Foto: Zefa-Allstock
ISBN 3 550 06550 7

Gedruckt auf Papier mit chlorfrei gebleichtem Zellstoff

Inhalt

ORGASMUS – IST DAS DER GIPFEL? 9

VERGESSEN SIE KLITORAL UND VAGINAL –
EIN ORGASMUS IST EIN ORGASMUS 16

GESPRÄCHSPROTOKOLLE

Veronika, 32, Hausfrau
»Orgasmus nur mit meinem Freund« 27
Igor, 22, Großhandelskaufmann
»Mit dem anderen gibt es keine Probleme« 31
Angelo, 34, Maler
»Spüren, ob sie einen Orgasmus hat« 37
Ulrike, 50, Verkäuferin
»Ich hätt' gern wieder einen Orgasmus« 39
Oliver, 29, Werbegraphiker
»Ohne Bilder geht bei mir nichts« 41
Marnie, 24, Sekretärin
»Sexuell ein Vielfraß« 48
Viktoria, 28, Regieassistentin
»In der Schwangerschaft kriegte ich nie genug« 50
Bernhard, 55, Lyriker
»Siechtum, Wahnsinn und Höllenrache« 53
Christina, 22, Sattlerin
»Orgasmus – absolute Fehlanzeige« 55
Sigbert, 31, Berufsschullehrer
»Nur einmal ein guter Liebhaber sein« 57

Anette, 39, Sekretärin
»Natürlich spiel' ich einen Orgasmus vor« 64
Joachim, 28, Installateur
»Selber schuld« 73
Hanni, 32, Sekretärin
»Vor der Hochzeit vergewaltigt« 78
Joachim, 48, Informatiker
»Auf den Orgasmus der Frau fixiert« 80
Hettie, 26, Großhandelskauffrau
»Eine Katastrophe nach der anderen« 83
Gina, 23, Drogerieverkäuferin
»Er glaubt nicht, daß ich glücklich bin« 88
Markus, 53, Physiker
»Du liegst unter der Norm, du bist eine Flasche« ... 89
Achim, 35, Informatiker
»Endlich ein sexuell starkes Leben« 91
Ingrid, 26, Studentin
»Alle kriegen ihn − nur ich nicht« 96
Henriette, 39, Hausfrau
»Heirat per Annonce« 97
Georg, 40, Bauschreiner
»Schweißgebadet vor Angst« 102
Johannes, 58, Werbegraphiker
»Der Mann ein Feuer, die Frau ein Vulkan« 105
Gernot, 28, Bauarbeiter
»Ständig diese wahnsinnige Lust« 107
Heike, 31, Verkäuferin
»Vor dem Verkehr habe ich Angst« 111
Elias, 44, Optikermeister
»Ein lausiger Liebhaber, völlig verklemmt« 113
Corry, 21, Schwesternhelferin
»Ich muß tun, was er will« 115

Amelie, 40, Anästhesistin
»Manchmal berühren sich nur unsere Zehen« 121
Dany, 27, Reisebürokauffrau
»Ekstase ja – Orgasmus nein« 123
Volker, 47, Gymnasiallehrer
»Es prickelt wie Eis in den Fußsohlen« 124
Hanna, 34, Sozialarbeiterin
»Er will, daß ich endlich einen Orgasmus bekomme« 126
Maximilian, 62, Wissenschaftler
»Ich möchte jeden Tag Liebe machen« 128
Maria, 56, Aufsicht im Waschsalon
»Beim ersten Mal gab es Schläge« 130
Siggi, 23, Maschinenbauer
»Sie wollte immer nur mir zuliebe« 132
Gabriele, 40, Volksschullehrerin
»Mein Mann kann mich jetzt bis zum Orgasmus
streicheln« 135
Isa, 25, Bankkauffrau
»Ich möchte so gern sexy sein« 138
Gerlinde, 47, Sekretärin
»Orgasmus erst mit 30« 140
Thomas, 31, Betriebswirt
»Der Orgasmus fängt im Kopf an« 145
Heinz, 30, Maschinenbautechniker
»Frauen können besser lügen als Männer« 148
Annekatrin, 48, Apothekerin
»Zu allem, was sie wollten, hatte ich Lust« 151
Saskia, 26, Programmiererin
»Ich wollte, ich wüßte, wo der Mechanismus sitzt« .. 154
Antje, 33, Lebensmittelchemikerin
»Sie streichelte meinen ganzen Körper« 156
Valerie, 60, Schriftstellerin
»Sexuell keine Schranken« 159

Edith, 31, Hausfrau
»Bei mir muß da was nicht stimmen« 161
Karl, 63, Rentner
»Ich wär' voll da, sie lehnt alles ab« 164

ORGASMUS – GESTERN, HEUTE, MORGEN
von Xenia Frenkel und Asta Scheib 171

LIEBE NACH DER TAGESSCHAU
von Brigitte Lämmle 183

SEXUALITÄT UND PHANTASIE
von Marina Gambaroff. 194

MÖGLICHKEITEN DER SEXUALTHERAPIE
DURCH KLASSISCHE HOMÖOPATHIE
von Udo Schamell 208

ÜBER DIE AUTOR(INN)EN. 224

Orgasmus – ist das der Gipfel?

Der Hirnforscher John C. Lilly* führte einen Versuch mit Affen durch. Dabei fand er heraus: Ein Affe, dem es mit einer winzigen Elektrode im Orgasmuszentrum per Tastendruck möglich ist, sich jederzeit die Gefühle des Höhepunktes hervorzurufen, tut dies alle drei Minuten – und tut nichts anderes mehr. Er gönnt sich nur noch einen achtstündigen Erholungsschlaf. An einem Tag erlebt er stündlich zwanzig, also insgesamt dreihundertzwanzig Orgasmen.

Wäre die Orgasmusfähigkeit des Affen auch unser Naturmaß, wenn wir uns von der Last jeder gesellschaftlichen Tätigkeit befreien könnten? Das fragt sich der Psychoanalytiker Michael Lukas Moeller in seinem Buch *Die Liebe ist das Kind der Freiheit***. Denn, so folgert er: »Verglichen mit unseren evolutionären Vorfahren werden wir von Biologen als hypersexuelle Lebewesen bezeichnet. Unsere sexuelle Bereitschaft ist also unter Umständen noch stärker als die der Affen, wenn auch mit großen seelischen Abwehrenergien unterdrückt, verschoben, sublimiert...«

Gleichgültig, welche sexuelle Entwicklung jeder einzelne von uns durchlebt oder durchlitten hat – wir sind uns heute der Bedeutung der Sexualität für unser Leben bewußter denn je. Und wir nehmen es nicht mehr als unabänderliches Schicksal hin, wenn wir unter Problemen mit unserer Se-

---

* Lilly, John C.: Im Zentrum des Zyklons. Fischer (1982)
** Moeller, Michael Lukas: Die Liebe ist das Kind der Freiheit. Rowohlt (1986)

xualität leiden, daß unsere sexuelle Landschaft öde und langweilig ist. Frauen wie Männer sehnen sich gleichermaßen nach lusterfülltem Zusammensein mit dem anderen. Sie möchten schlicht und einfach glücklich sein. Erotisch und sexuell. Dafür gibt es keine Anleitungen, schon allein deshalb, weil es für Glück keine Sprache gibt, die jedem gemäß und verständlich ist. Nur der, der gerade glücklich ist, versteht. Zum Beispiel die Sprache des Dichters Pablo Neruda*: »Ach, Lieben ist eine Fahrt mit Wasser auf Sternen / mit erstickter Luft und jähen Stürmen Mehls: Lieben ist ein Kampf von Blitzen / und zwei Leibern, von einem Honig nur besiegt. / Kuß um Kuß durcheil ich deine kleine Unendlichkeit, / deine Grenzen, deine Ströme, deine winzigen Orte, / und das genitale Feuer, verwandelt in Entzücken, / strömt auf des Blutes schmalen Wegen / bis es herniederstürzt wie eine nächtliche Nelke / bis es währet oder nur ein Strahl im Dunkel ist.«

Nur ganz wenige von uns können beschreiben, wie ein erotisch und sexuell erfülltes Leben aussehen müßte. Wir wissen nicht so recht, was Glück ist, wir wollen es aber haben. Unsere Beziehungen sind dadurch störanfälliger, verletzbarer geworden. Wir sind von unserer Sexualität abhängiger als je eine Generation vorher. Klagen ein, was sie uns an Gefühlssensationen bringen kann. Damit überfordern wir nicht selten unseren Partner und uns selbst. Je mehr wir erkennen müssen, daß wir im Berufsleben wenn nicht scheitern, so doch stagnieren, daß wir abhängig sind, immer wieder ohnmächtig erleben, daß im Grunde alles ohne uns läuft – je mehr wir uns »draußen« verloren fühlen, desto mehr erwarten wir »drinnen«. In unserer Beziehung zum anderen. Je mehr uns die Leere im Alltag bewußt

---

* Neruda, Pablo: Viele sind wir. Luchterhand (1972)

wird, desto radikaler fordern wir von der Sexualität, daß sie das Defizit wettmache. Wir begreifen nicht, warum die intensive Lust, die vielleicht zu Beginn, beim Kennenlernen, Verliebtheit, Geilheit und schließlich Befriedigung brachte, warum diese tolle Phase nicht anhält. Uns überfällt eine sexuelle Unrast, wir haben die geheime Angst, Versager zu sein. Die größte Angst haben wir davor, daß wir den Orgasmus entbehren müßten. Diesen verflixten Reflex, dem wir mit angehaltenem Atem, Schweiß auf der Stirn und hochroten Ohren hinterherhecheln.

Auch für diesen Höhepunkt der Liebe gibt es eigentlich keine Sprache, die tauglich wäre, keine, die jeder orgasmusgestreßte Mensch verstünde. Was man beschreiben kann, ist das, was die Sexualforscher Masters und Johnson[*] gemessen haben. Die einzelnen Phasen, die zum Orgasmus führen, die Nervenanspannungen, den Sex-flash (die roten Flecken auf der Haut).

Alles das kann man beschreiben, nur nicht den Orgasmus selbst. Er widersetzt sich der Sprache. Und er widersetzt sich auch allen wissenschaftlichen Messungen. Und vor allem hält er sich zurück, wenn man ihn mit Akrobatik oder raffiniertem Klimbim krampfhaft herbeizwingen will.

Der Orgasmus kommt immer unverhofft. Bei Festen, die nicht zu seinen Ehren gefeiert werden, ist er plötzlich da. Brennt alle Sicherungen durch. Läßt im Dunkel Raketen aufsteigen, Feuerbälle zerplatzen, Lichtorgeln funkeln. Das alles passiert in der Stille, doch die Stille hat tausend Zungen.

»Ich weiß zwar nicht genau, warum er manchmal kommt und manchmal nicht« (Paola, 27), »aber wenn, dann spüre ich es tief unten. Langsam und glühend kommt es herauf,

---

[*] Masters, Johnson: Liebe und Sexualität. Ullstein (1987)

ein Flehen: Nicht weggehen, nicht aufhören, weiter, weiter-
fliegen in den Flammen. Und dann zerbirst es und zerplatzt
und rinnt aus mir, und ich sehe dein Gesicht und will zu dir
und dableiben und still sein.«

». . . es prickelt in den Fußsohlen wie Eis, ich hebe ab, total, selbst der Rückflug ist noch geil« (Volker, 47).

Eine Frau und ein Mann, die den Orgasmus kennen.
Zwei von insgesamt 104 Frauen und Männern, die ich gebeten habe, mir ihre Erfahrungen mit dem Orgasmus zu schildern. Ihre Erwartungen, ihre Ängste, ihre Probleme.

Die heutige Liebe ist bei vielen Frauen und Männern auf
den sogenannten Höhepunkt, den Orgasmus, ausgerichtet.
Ohne Orgasmus ist alles Liebemachen offenbar sinnlos.
Zumindest scheint das die Haltung vieler Männer zu sein.
Frauen sind oft phantasievoller und unabhängiger von Normen. Sie genießen möglichst vielfältige Liebesspiele, auch
wenn sie nicht zum Orgasmus kommen. Leidet jedoch der
Partner, wird auch die Frau mit der Zeit verunsichert und
fragt sich, ob sie tatsächlich frigid sei.

Lukas Michael Moeller, der dieses Problem aus seinen
Paartherapien sehr gut kennt, beschreibt, wie unsinnig diese
Orientierung auf den Orgasmus ist, von der er in seiner
Therapie dringend abrät:

». . . als ob der Schlußakkord einer Sinfonie das Ziel der
Musik wäre oder als ob sich beim Tanzen im letzten Schritt
alle Lust sammeln sollte. Frauen können das auf Grund
ihrer vieldimensionalen Erotik viel schneller begreifen als
Männer. Auch hier ist der Weg das Ziel und nicht das Ende
des Weges.«

Durch diese Fixierung auf den Orgasmus wird die Liebe
einem unmenschlichen Druck ausgesetzt. Ein Partner sieht
im anderen den Grund für die Nichterfüllung seines Orgas-
mustraums. »Herrgottnochmal, bei allen scheint es zu klap-

pen, nur bei mir nicht. Hab' ich vielleicht nicht den richtigen Mann?« (Alice, 26)

Mitleid mit den Männern ist durchaus angebracht. Nicht nur deshalb habe ich in diesem Buch auch sie nach ihrem Orgasmus-Erleben gefragt. Zu oft wird dem Mann beim Liebesspiel der Schwarze Peter zugeschoben. Er gilt als der »Rein-Raus-Macho«, der sich »danach« umdreht und schnarcht. Das steht im eigentümlichen Gegensatz zu dem Anspruch, den unsere Gesellschaft an den Mann als Liebhaber stellt. Von ihm wird doch erwartet, daß er der große Sex-Guru ist, der Lehrer, der seiner Frau zeigt, wo es langgeht.

Der normale Mann ist ziemlich überfordert damit, einer Frau eine reich ausgestattete erotische Landschaft zu bieten. Das Lieben so in Szene zu setzen, daß alle beide in Ekstase geraten. Und schließlich soll der Mann seiner Frau auch noch den Orgasmus verschaffen.

Aus diesem unseligen Anspruch an den Mann entstehen die Mißverständnisse im Bett. Macht das, was der Mann mit der Frau tut, nicht auf der Stelle eine rasende Sexgöttin aus ihr, fühlt sich der Mann verunsichert, schiebt nun seinerseits der Frau den Schwarzen Peter hin. Frigid sei sie, nicht normal, eben keine »richtige Frau«. Der oft lebenslänglichen Frustration im Bett ist dann der Boden bereitet.

Anstoß zu diesem Buch war die Überlegung, daß am ehesten der Erfahrungsaustausch mit anderen Mißverständnisse aufheben könnte. Wenn Männer von anderen hören würden, daß sie durchaus nicht immer den Omnipotenten spielen müssen. Wenn Frauen erfahren, daß sie selbst aktiv werden, den Mann »anmachen«, die ihnen gemäße Sexualität in der Beziehung lebendig machen können.

Um Frauen und Männer zu finden, die offen über die intimsten Aspekte ihres Sexuallebens sprechen würden, habe ich im Freundes- und Bekanntenkreis herumgefragt. Habe Zeitungsinserate aufgegeben. Entgegen meiner Befürchtung bekam ich so viele Zuschriften, daß ich schließlich nicht alle berücksichtigen konnte.

Ich sprach mit Menschen, die auf dem Lande wohnen, ebenso wie mit Städtern. Arbeiter und Intellektuelle waren gleichermaßen meine Gesprächspartner. Natürlich habe ich völlige Anonymität zugesichert und auch gewahrt. Ich habe, auch wenn das manchmal auf Kosten der Lebendigkeit gegangen sein mag, die näheren Lebensumstände der Befragten weggelassen, mich – auf Wunsch – nur auf das Orgasmusgeschehen beschränkt.

Aus diesen Interviews habe ich die herausgesucht, die mir am aussagefähigsten erschienen. Ich habe die Interviews einfach nebeneinandergestellt, ohne sie zu werten, aber auch unabhängig von der sexuellen Orientierung, vom Lebensalter, vom Geschlecht oder vom Familienstand.

Um diese Protokolle durch die Aussagen von Fachleuten zu ergänzen, habe ich die Frankfurter Psychoanalytikerin Marina Gambaroff um ihren Beitrag »*Sexualität und Phantasie*« gebeten. Die Münchner Diplom-Psychologin und Sexualtherapeutin Brigitte Lämmle macht sich in ihrem Beitrag »*Liebe nach der Tagesschau*« Gedanken darüber, wie Frauen und Männer mit Orgasmusproblemen umgehen können. In dem Aufsatz »*Orgasmus – gestern, heute, morgen*« habe ich gemeinsam mit der Autorin Xenia Frenkel versucht, dem Orgasmus früherer Kulturen auf die Spur zu kommen, da wir heute noch die Auswirkungen der traditionell-verklemmten Sexualität schmerzhaft spüren. Schließlich beschreibt der Münchner Arzt für Klassische Homöopathie, Udo Schamell, in seiner Arbeit »*Helfen bei Orgasmusproblemen*«, daß es auch in der Medizin Wege gibt, die Sexualität positiv zu beeinflussen.

Allen meinen Interviewpartnern möchte ich hier noch-
mals herzlich danken für ihr Interesse, ihr Engagement, ihre
Offenheit. Auch meinen Co-Autoren danke ich für ihre
Unterstützung.

München, Januar 1992
Asta Scheib

Vergessen Sie klitoral und vaginal – ein Orgasmus ist ein Orgasmus

»O Gott, ich explodiere – und du, kommst du auch? Seine Frage ist seine Hoffnung. Ich weiß, daß er jetzt gleich abhebt, sein Körper ist angespannt, der Kopf schon zurückgebogen, als sei er allein mit seiner Lust. Ich liege auf ihm, seine Hände umklammern meinen Po, mit verzweifelten Stößen dringt er immer wieder in mich ein. Eben noch waren wir eins, ineinander versunken, einer bestrebt, die Lust des anderen noch höher zu treiben. Ich bin außer mir, wie er. Alles an mir ist offen, weich und heiß. Trotzdem wird er jetzt seinen Weg gehen. Allein. Ich komme nicht mit, wieder nicht. Doch unsere Lust, unsere Freude ist mir lieber als die Wahrheit.«

Katia (26) beschreibt eindringlich, daß sie beim Koitus (beim Bewegen des Penis in der Vagina) nicht zum Orgasmus kommt. Sie schildert jedoch auch, daß sie zuverlässig ihren Höhepunkt erreicht, wenn ihr Mann beispielsweise mit seiner Zunge ihre Klitoris stimuliert. Daß es ebenso mühelos gelingt, wenn Katia, über ihm kniend, mit seinem Penis ihre Klitoris reizt. »Leider habe ich immer nur einen klitoralen Orgasmus«, sagt Katia.

Katia ist eine intelligente und selbstbewußte Frau. Trotzdem fehlen ihr einige Informationen über Sexualität, sonst würde sie ihren Orgasmus ernst nehmen und sich unbeschwert ihrem Mann anvertrauen. Immer noch ist sie irritiert über die leidige Unterscheidung von vaginalem und klitoralem Orgasmus. Ihr eigener Höhepunkt, den sie einen klitoralen (in ihren Augen also ungenügenden) Orgasmus nennt, macht sie nicht so recht froh. Sie hat das Gefühl, etwas zu versäumen.

So viele Frauen könnten ihre Sexualität unbelastet genießen, wenn sie nicht auf den vaginalen Orgasmus nach Freudschem Konzept warten würden. Dabei haben Sexualwissenschaftler längst bewiesen, daß die Theorie vom »reifen« (also vaginalen) Orgasmus ein Märchen ist. Nicht von den Gebrüdern Grimm, sondern von dem Psychoanalytiker Sigmund Freud. Er hat mit seinem verhängnisvollen Irrtum viele Frauen zu Neurotikerinnen gestempelt und in die Psychoanalyse getrieben. Bis heute ist seine Unterteilung des weiblichen Orgasmus in den vaginalen und klitoralen noch nicht aus den Köpfen der Frauen und Männern verschwunden.

Mit dem vaginalen Orgasmus meinte Freud den Höhepunkt, der durch den männlichen Penis in der Vagina bewirkt wurde. Diesen Orgasmus hielt er für den einzig wahren, reifen Höhepunkt. Wurde dagegen der Orgasmus durch Masturbation oder sonstige Stimulierung an der Klitoris ausgelöst, sah Freud darin einen Beweis für die Unreife der Frau, die sich nicht von ihrer frühkindlichen Sexualität gelöst habe.

Glücklicherweise sind diese zutiefst frauenfeindlichen Theorien längst als unhaltbar widerlegt. Vor allem amerikanische Sexualforscher wie Kinsey und Masters / Johnson haben eindrucksvoll bewiesen, daß ein Orgasmus ein Orgasmus ist und sonst nichts. Ein Reflex, der nach dem immer gleichen Muster abläuft. Gleichgültig, ob er durch Stimulierung der Klitoris ausgelöst wird oder durch Bewegung des Penis in der Vagina oder durch intensive Reizung der Brustwarzen. Dabei sind die Gefühle und die Intensität von Frau zu Frau individuell verschieden.

In ihrem großen Report schreibt die amerikanische Sexualforscherin Shere Hite, daß bei 70 Prozent aller Frauen die Klitoris stimuliert werden muß, damit sie zum Orgasmus kommen. Viel weniger Frauen haben einen Höhepunkt durch die Bewegung des Penis in der Vagina.

Andere können allein durch Phantasievorstellungen einen Orgasmus haben. Danach also müßte es außer klitoralen und vaginalen auch noch die Brust- und Phantasieorgasmen geben. Hier wird der Unsinn manifest.

All diese Einteilungen können und müssen wir vergessen, wenn wir unsere Sexualität unbelastet genießen wollen. Ein Orgasmus, der Höhepunkt sexueller Erregtheit also, findet auf jeden Fall – rein physiologisch gesehen – in der Bekkengegend statt, kann sich aber dem gesamten Körper mitteilen. Die Art, wie eine Frau am leichtesten zum Orgasmus kommt, muß sie zusammen mit ihrem Partner herausfinden. Zu bewerten gibt es da nichts. Das Orgasmusmuster jeder Frau ist absolut einmalig. Wenn Frauen Orgasmusprobleme haben, dann deshalb, weil sie keinen haben. Oder viel zu selten. Oder weil sie nicht genau wissen, ob sie einen hatten. Manche Frauen haben aus der Literatur oder aus Erzählungen eine so hohe Erwartung an das Erlebnis des Orgasmus, daß sie völlig verwirrt sind. Manche Frauen haben einen sanften Orgasmus, oftmals mehrere hintereinander. Andere Frauen erleben den Höhepunkt äußerst intensiv. Das alles kann von Zeit zu Zeit oder auch von Partner zu Partner wechseln, sollte aber in keinem Fall ein Anlaß zur Sorge sein.

Wenn nur der Mann den Höhepunkt erreicht

Frauen können selbstbewußt ihren Orgasmus genießen. Auch, wenn sie allein für ihn verantwortlich sind. Wissenschaftler nennen es Masturbation, wenn Frauen ihre Klitoris und / oder ihre Brustwarzen bis zum Höhepunkt streicheln. »Ich schlafe wahnsinnig gern mit Männern«, sagt die 60jährige Valerie. »Ich bin immer glücklich, genieße die Erregung, nicht nur bei mir, sondern auch bei dem Mann. Zum Orgasmus bin ich noch nie gekommen. Den mache ich mir immer selber, irgendwann danach.«

Für Katia dagegen ist das keine Lösung. Sie möchte, daß ihr Mann sie nach seinem Höhepunkt solange streichelt, bis auch sie gekommen ist. Doch bisher hat sie sich noch nicht getraut, ihm das zu sagen. Ihr Mann ist stolz darauf, daß Katia fast jedesmal mit ihm zum Höhepunkt kommt, wie er glaubt. Katia: »Ich weiß, ich müßte es ihm unbedingt sagen, aber ich bringe es einfach nicht fertig. Rein emotional bin ich auch wirklich zufrieden, aber körperlich tut es manchmal richtig weh.«

In jedem etwas anspruchsvolleren Artikel über Sexualität wird darauf hingewiesen, daß es unsinnig ist, sich auf den sogenannten vaginalen Orgasmus zu fixieren. Es kann gar nicht genug Artikel und Bücher geben, die den sexuellen Leistungsdruck bekämpfen. Dennoch: Eine Frau, die durch liebevolles Vorspiel in höchste Erregung versetzt wird, stürzt äußerst schmerzhaft ab, wenn ihr Mann allein den Höhepunkt erreicht und sie nicht weiter stimuliert wird. Auch wenn sie emotional völlig zufrieden ist – ihr Körper hat einige Veränderungen erfahren, die Zeit brauchen, um wieder abzuflauen. Das kann für die Frau unangenehm sein. Um das zu begreifen, braucht man nur ein paar schlichte Kenntnisse über physiologische Prozesse, die im Körper ablaufen, wenn er sexuell-erotisch erregt wird.

In intensiver Forschungsarbeit haben Masters und Johnson herausgefunden, daß die Erregung bei Mann und Frau in vier Phasen abläuft: Erregungsphase, Plateauphase, Orgasmusphase und schließlich die Resolution (Lösungs-

19

phase). Der Mann ist in aller Regel schneller in der Orgasmus- und Lösungsphase als die Frau. Er hat seinen Höhepunkt, und dann schwindet mit der Erektion auch seine Lust. Er ist erlöst.

Ist eine Frau sexuell erregt, wird innerhalb von Sekunden ihre Scheide feucht. Das ist jedoch nicht immer ein Zeichen dafür, daß die Frau jetzt Lust hat zum Geschlechtsverkehr. Allerdings erleichtert es das Eindringen des Penis. Doch im Verlauf der Erregungsphase tut sich noch viel mehr im Inneren der Scheide. Zwei Drittel des inneren Vaginalbereiches weiten sich, die Klitoris und die inneren Schamlippen werden fast doppelt oder dreimal so groß. Meist richten sich dann auch die Brustwarzen auf, die Brust kann sich sogar leicht vergrößern. Die Muskeln, besonders in den Schenkeln und im Gesäß spannen sich an, der Herzschlag beschleunigt sich, der Atem geht schneller. Ein starkes Lustgefühl, von der Klitoris ausgehend, kann sich im ganzen Körper ausbreiten, die gesamten Unterleibsorgane »pulsieren«.

Wenn die Frau während dieses Stadiums richtig stimuliert wird, gleichgültig, ob der Penis sich für sie angenehm bewegt, ob eine Hand zärtlich streichelt oder die Zunge intensiv die Klitoris liebkost –, dann wird ein Gipfelpunkt erreicht, an dem der Körper die angestaute sexuelle (und seelische) Spannung entlädt. Das kann eine kurze, intensive Explosion sein, die von manchen Frauen als »scharf« bezeichnet wird. Es kann eine ekstatische, alle Sinne umnebelnde Erschütterung sein. Oder eine sanfte, wohltuende »Erlösung«, wie es eine Frau ausdrückte. Es ist immer schwer, dieses Phänomen zu beschreiben, da es von jedem Menschen anders erlebt wird und von vielen Zufälligkeiten abhängt, auch vom einzelnen immer wieder neu und anders erlebt werden kann.

Die Zeitspanne, in der Mann und Frau nach dem Orgasmus in den nichterregten Zustand zurückkehren, nennt man Resolutionsphase. All die anatomischen und physiologischen Veränderungen normalisieren sich wieder. Beim Mann dauert das in aller Regel nur sehr kurze Zeit, während viele Frauen berichten, daß sie noch eine längere Zeit lustvolle Kontraktionen spüren. Auch Lust hatten auf weitere Stimulierung. Liebevolle, erfahrene Männer wissen das und beschäftigen sich auch nach ihrem Orgasmus noch zärtlich mit der Frau.

Wird eine Frau kurz vor ihrem Orgasmus allein gelassen, kann sie tief abstürzen

Meist dauert es bei einer Frau länger als beim Mann, bis sie spürt, daß ihr Orgasmus unmittelbar bevorsteht. Oftmals ist es so, daß die Frau (wie Katia es beschreibt) äußerst erregt ist, genau wie der Mann. In dem Moment, in dem sein Penis in die Frau eindringt, in einer Position, in der der Mann sich abstützen muß, Klitoris und Brustwarzen der Frau also nicht weiter stimulieren kann, flacht die Erregung der Frau zunächst wieder ab. Wenn der Mann dann rasch »kommt«, ist die Frau aus der Orgasmusphase vielleicht wieder auf die Plateauphase zurückgekehrt. Das heißt, sie kann noch nicht »explodieren«, ihr Körper und ihre Seele sind jedoch auf den Orgasmus vorbereitet.

Wenn der Mann nach seinem Orgasmus einschläft oder sich anderen Dingen zuwendet, kann das für die Frau körperlich und seelisch sehr schmerzhaft sein. Ohne Orgasmus, also ohne Entspannung, brauchen die Organe viel länger, von der Erregungsphase wieder in die Normalität zurückzukommen.

Häufig sind Frauen, besonders wenn sie frisch verliebt

sind, nicht selbstbewußt genug, ihrem Mann offen zu begegnen. Sie schämen sich, daß sie »nur« durch die Stimulierung der Klitoris zum Orgasmus kommen können, schämen sich, weil sie nicht gleichzeitig mit dem Mann »soweit« waren. Dies Märchen vom Synchron-Orgasmus hat schon vielen Liebespaaren die Lust verleidet. Natürlich kann es bei phantasievollen Liebesspielen passieren, daß beide gleichzeitig den Höhepunkt erreichen. Aber das ist eher ein glücklicher Zufall als die Regel.

Gleichzeitiger Orgasmus – die Ausnahme, nicht die Regel

Beide Partner sollen ihren Orgasmus gleichzeitig erleben. Das, so wurde uns eingetrichtert, sei der Gipfel sexueller Lust. Von wegen. Alles strampelte sich ab, turnte nach den Rezepten immer neuer Sexpropheten – und der Rest war Lustlosigkeit. Kein Wunder. Wer will schon den Streß des Alltags auch noch im Bett weiter fortsetzen.

Gemeinsame Orgasmen sind äußerst seltene Ausnahmen, nicht die Regel. Ines, 28, hat ihn bislang nur einmal erlebt, »obwohl mein Liebesleben nicht gerade eintönig ist«. Ines ist seit vier Jahren verheiratet, hat vorher nach ihrer eigenen Aussage »nichts anbrennen« lassen. Auch ihr Liebesleben in der Ehe war dynamisch: »Bis auf die Zeit nach der Geburt unseres Kindes. Da hatten wir sexuell eine Flaute, aber das hat sich wieder gegeben. Es geht uns gut. Ich habe keine Orgasmusschwierigkeiten, aber einen gemeinsamen Orgasmus hatten wir lange nicht. Wir haben es auch nicht vermißt, denn ich denke, man kann den Orgasmus doch viel besser genießen, gemeinsam genießen, wenn nicht jeder durch seinen eigenen völlig abgelenkt ist. Doch vor kurzem, ohne daß es von uns geplant gewesen wäre, ist es passiert: Ich kniete auf meinem Mann, den Po ihm zugewandt, damit er mich mit der Zunge streicheln konnte. Ich liebkoste seinen Penis, und plötzlich wünschte er sich heftig, daß ich seinen Penis in mich aufnehmen sollte. Während wir uns in dieser Position bewegten, hatten wir zum erstenmal einen gemeinsamen Orgasmus. Es war zwar schön − wie alles, was wir miteinander tun. Aber es war durchaus kein Ereignis, das wir jetzt immer wieder haben wollen. Wir wollen Lust, aber keine Spielregeln.«

Gesprächsprotokolle

»Orgasmus nur mit meinem Freund«

»Ich bekomme beim Verkehr nie einen Orgasmus, aber ich
hab' es wahnsinnig gern, wenn der Penis sich in mir bewegt.
Ich kann gar nicht genug davon kriegen. Für mich ist es
jedesmal erschütternd, wenn mein Mann schreiend auf mir
zusammenbricht. Obwohl ich jetzt weiß, daß er mit seiner
Freundin wohl genau dasselbe erlebt. Er hat nämlich seit
über einem Jahr eine Freundin. Er glaubt aber, ich wüßte
davon nichts. Anfangs tat mir der Treuebruch unheimlich
weh, vor allem seine Lügen. Doch seit etwa drei Monaten
habe ich auch etwas zu verheimlichen. Doch ich will der
Reihe nach erzählen: Mein Mann war der erste, mit dem ich
sexuelle Beziehungen hatte. Ich war neunzehn, als wir uns
kennenlernten, war streng erzogen und ahnungslos. Ich
fand die Liebe beim erstenmal trist und war enttäuscht. Ich
habe wirklich alles nur gemacht, wie mein Mann es wollte.
Ich hatte nur Lust zum Rumschmusen, zum Rumalbern.
Das mag ich noch immer. Doch welcher Ehemann tut das
schon mit seiner Frau nach zehn Jahren. Mein Mann jedenfalls nicht. Er war immer schon eher mundfaul und ohne
jede Phantasie für meine Gefühle. Er ist, glaube ich, nur für
seine eigenen Bedürfnisse sensibel. Wir fahren in Urlaub,
weil *er* urlaubsreif ist. Ich habe daheim ja das ganze Jahr Fe-
rien. Er bringt unserer Tochter, die er abgöttisch liebt, fast
täglich eine kleine Überraschung mit. Für mich gibt es nur
am Geburtstag oder zu Weihnachten ein praktisches Geschenk. Abends kann er stundenlang vor dem Fernseher sitzen. Er gehört zu den Männern, die nur den Mund aufma-
chen, wenn sie ein Bier möchten.

Anderen Menschen gegenüber ist er (meistens) liebenswürdig. Ich werde um meinen ruhigen, sensiblen Mann beneidet. Allerdings fühle ich mich oft wie eines unserer Möbelstücke. Gut, während der Woche ist mein Mann beruflich angespannt. Dafür habe ich Verständnis. Ich habe aber schon einmal am Wochenende darauf geachtet: Das einzige, was mein Mann von Freitag abend bis Sonntag abend zu mir gesagt hat, war, ich solle den Fön nicht ins Waschbecken legen, wenn er in Betrieb sei.

Himmel, ich bin schon wieder in Fahrt. Aber ich könnte stundenlang Beispiele dieser Art bringen. Ich glaube, die Entfremdung zwischen meinem Mann und mir hat nach der Geburt unserer Tochter begonnen. Damals war ich sexuell besonders lustlos, sehr empfindlich, fühlte mich noch weniger als sonst von meinem Mann geliebt. Also geliebt im Sinne von Schmusen, ein bißchen Gehätscheltwerden, ein bißchen Verwöhntwerden. Das hätte ich sehr gebraucht, denn ich hatte fast Depressionen. Ich glaube, daß mein Mann zu dieser Zeit schon Kontakt zu anderen Frauen suchte. Jedenfalls ist er häufig am Wochenende verreist. Wenn das Telefon klingelte und ich mich meldete, wurde oft wortlos aufgelegt. Ich merkte auch im Bett, daß mein Mann Praktiken anwandte, die wir vorher nicht gemacht hatten. Oralsex und so. Ich meinte manchmal sogar, eine andere Frau an ihm zu riechen.

Als es zwischen uns immer öder wurde, mein Mann tagelang nicht mit mir sprach, ging ich in einen Frauenbuchladen, um mir irgendwie Rat zu holen. Was ich dort suchte, wußte ich nicht so konkret, vor allem genierte ich mich. Doch die Frauen dort schlugen mir sachlich Titel vor. Über Sinnlichkeit, über Phantasien, über meinen Körper. Und ob ich nicht mal in eine Gruppe gehen wolle, fragten sie mich. Die Gruppe hieß: ›Kann man Liebe eigentlich lernen?‹

Ohne jede Erwartung ging ich hin, meine Tochter blieb bei meiner Nachbarin, die gespannt darauf wartete, was ich ihr von der ersten Stunde berichten würde. Wir waren 12 Frauen. Jede von uns genierte sich ein bißchen, mehr oder weniger. Jede von uns hatte sexuelle Schwierigkeiten. Die eine Frau berichtete ganz wurschtig darüber, die andere weinte fast. Eine wollte überhaupt nicht mit ihrem Mann schlafen – und der drehte bald durch. Drohte, sie zu verhauen. Es war auch eine Frau da, der es wirklich gutging. Die, nachdem sie früher verklemmt war, inzwischen ein gutes Verhältnis zu ihrem Körper hatte. Und jetzt war sie auch im Bett zufrieden.

Diese Frauengruppe hat mich fasziniert. Ich bin so lange hingegangen, bis sie nach 12 Wochen aufgelöst wurde. Es bildete sich aber eine kleine Gruppe von Frauen heraus, die sich weiter treffen wollte. Sie wurde geleitet von der Frau, die schon in der ersten Gruppe durch ihre Gelassenheit, ihr gutes Körpergefühl aufgefallen war. In der Wohnung dieser Frau trafen wir uns nun alle Woche. Und einmal bat sie mich, noch zu bleiben, da sie etwas mit mir bereden wolle. Sie begann, mich über meine Situation auszufragen. Sie war so wach, so interessiert, ohne neugierig zu wirken. Ich redete mir meinen ganzen Frust von der Seele. Irgendwann fing ich an zu heulen. Sie weinte gleich mit, wir streichelten uns, und irgendwann lagen wir in ihrem Bett und ich bekam den mühelosesten Orgasmus meines Lebens. Es war himmlisch – wir fanden es beide toll. Haben es aber nie wiederholt.

Wenige Tage später lernte ich – bei uns im Supermarkt – meinen jetzigen Freund kennen. Er half mir, als ich versehentlich Dosen umwarf. Vom Sehen kannten wir uns schon länger, denn er arbeitet bei der Bankfiliale, bei der wir unsere Konten haben. Manchmal ist er jedoch längere Zeit bei der Filiale in Rom.

In unserem Urlaub, in dem mein Mann sich nur noch mit unserer Tochter unterhalten hatte, mich übersah, zumindest am Tage (nachts kam er dann zu mir ins Bett, ob ich davon begeistert war oder nicht) – nach diesem Urlaub hatte ich meinen Mann richtig satt. Er war so unhöflich zu mir wie nie zuvor. Er lief mit unserem Kind an der Hand mehrere Schritte vor mir her. Stiegen wir ins Auto ein, sagte er nur zu dem Kind: ›Komm, Liebling, einsteigen.‹ Für mich hatte er nie ein Wort. Auf der Rückreise von Frankreich nach Deutschland schlief unsere Kleine auf der ganzen Fahrt. Und mein Mann und ich wechselten kein einziges Wort.

Als wir wieder daheim waren, traf ich meinen Freund, der ja noch nicht mein Freund war. An diesem Tag jedoch wurde er es. Ich fiel ihm in die Arme, und seitdem sind wir zusammen. Mit ihm kann ich über alles reden. Er ist leise, höflich, hört mir zu. Wenn ich meinem Mann etwas erzählen möchte, ist er ja imstande und greift nach irgendeinem Schriftstück. Das macht mich innerlich ganz kalt vor Wut. Bei meinem Freund würde mir das niemals passieren. Und wenn wir hundert Jahre verheiratet wären. Er achtet mich, er respektiert mich. Das sagt er auch. Ich bin ihm so nahe, obwohl wir uns jetzt erst einige Wochen kennen. Dieses Einandernahesein macht es auch im Bett so schön. Mein Freund ist so liebevoll, er spielt lange mit mir, aber er ist auch stark und leidenschaftlich.

Wenn mein Mann nach dem Koitus gekommen ist, schläft er immer gleich ein (ja, wirklich). Mit meinem Freund rede ich nachher immer stundenlang, wir sind dann beide offen und zärtlich. Mein Freund ist interessiert an allem, was mich angeht. Er fragt, will alles wissen, was ich denke, was ich tue, was ich plane. Er spricht mit mir auch über meine Tochter. Manchmal auch darüber, ob ich mir vorstellen kann, mich aus meiner Ehe zu lösen.

Darüber mache ich mir immer mehr Gedanken. Ich halte es kaum noch aus, daß mein Mann, obwohl er jetzt fast jedes Wochenende nach S. zu seiner Freundin fährt, trotzdem so oft mit mir schlafen will. Ich habe ihm schließlich auf den Kopf zugesagt, daß er doch eine Freundin habe und was er denn noch von mir wolle. Da sagte er, das solle ich doch nicht ernst nehmen, das gehe vorüber, unserer Ehe könne das doch nichts anhaben.

Inzwischen ist es aber so, daß ich zu meinem Freund eine sehr starke sexuelle Beziehung aufgebaut habe. Wir kennen so viele Möglichkeiten, unsere Lust zu erleben, daß ich jetzt fast jedesmal einen Orgasmus bekomme. Weil alles eingebettet ist in die Zärtlichkeit und Achtung meines Freundes. Mein Mann dagegen ist am Tage kalt zu mir, beleidigend kalt. Und trotzdem fordert er sein Recht auf Sex. Ich begreife das nicht, und ich will es auch nicht mehr. Ich muß nur den Mut aufbringen, ihm alles zu sagen.«

Igor, 22, Großhandelskaufmann, verheiratet

»Mit dem anderen gibt es keine Probleme«

»Bei uns war es die Liebe auf den ersten Blick. Ich arbeitete in einem Großunternehmen, in der Verwaltung einer Lebensmittelkette. Dort habe ich nach dem Abitur einmal für sechs Wochen jobben wollen und bin gleich dageblieben und habe jetzt meine Ausbildung abgeschlossen. Christine, meine jetzige Frau, ist die Sekretärin des Abteilungsleiters. Sie sieht so richtig seriös aus, obwohl sie noch jünger ist als ich, 21. Aber sie trägt meist Kostüme, hat eine strenge Frisur, so ganz kurz und sportlich, Christine sieht cool aus, finde ich.

Als ich merkte, daß sie sich für mich interessierte, konnte

ich es kaum glauben. Christine wird hier im Unternehmen ziemlich hofiert. Sie ist wirklich tüchtig, absolut zuverlässig, eisern diszipliniert, also da kannst du schon Respekt kriegen. Sie ist pünktlich, ihr Büro und unsere Wohnung sind immer wie aus dem Ei gepellt. Das braucht sie, sonst geht es ihr nicht gut. Manchmal denke ich, Christine ist perfektionistisch. Ist sie wohl auch. Sie hat viel ackern müssen, bis sie da war, wo sie jetzt ist. Eigentlich hatte sie nur die Hauptschule besucht. Christine kommt vom Land, ihre Eltern hatten es nicht für nötig befunden, Christine auf die Oberschule zu schicken. Sie hätte dann auch immer mit dem Bus fahren müssen, fast eine Stunde hin und zurück. Das wollten die Eltern nicht. Christine hat dann nach der Schule in einer Fabrik gearbeitet. Abends hat sie zuerst die mittlere Reife nachgeholt, dann die Höhere Handelsschule. Das war sehr hart, und vielleicht ist Christine daher so diszipliniert, sie hat es wirklich nicht leicht gehabt.

Jetzt ist sie hier aber sehr anerkannt. Innerhalb von zwei Jahren hat sie es bis zu ihrer Vertrauensstellung gebracht, die sie jetzt hat. Zwei Sekretärinnen, doppelt so alt wie sie, sind ihr unterstellt. Niemand hat Probleme damit, Christine setzt sich mühelos durch. Vielleicht deshalb, weil sie selbst sehr viel arbeitet, alles im Kopf hat.

Ich bin sehr stolz auf Christine. Wir haben uns kennengelernt, als ich in die Abteilung versetzt wurde, die Christines Chef leitet. Sie hat mich bei ihm angemeldet. Wir haben uns nur angesehen, und da hat es ›klick‹ gemacht. Bei uns beiden. Wir haben auch nicht lange gezögert, Christine ist zu mir gezogen, weil ich die größere Wohnung hatte. An einem Wochenende haben wir alles neu gestrichen, hellgrau, das ist Christines Lieblingsfarbe. Der Teppichboden ist auch hellgrau, dann haben wir viel Chrom und Glas. Sieht gut aus, ist auch mein Geschmack.

Seit vier Monaten sind wir verheiratet. Es gefällt uns gut, das Zusammenleben. Ich habe ziemlich lange allein gelebt, weil ich schon mit sechzehn von daheim ausgezogen bin. Ich komme auch vom Land, wie Christine. Ich habe bei Verwandten ein Zimmer gehabt, weil ich unbedingt von daheim weg und Abitur machen wollte. Ich hab' immer gejobbt, am meisten bei McDonalds, da konnte ich auch was essen, denn ich hatte sehr wenig Geld. Dann ist meine Großmutter gestorben, die ich oft besucht hatte, und sie hat mir ihre Wohnung vermacht, eine Zweizimmeraltbauwohnung, große Räume, mit Küche, Bad und Abstellraum. Daher müssen wir keine Miete zahlen, nur Wohngeld, finanziell haben wir keine Probleme, Christine und ich.

Dafür jede Menge andere Sorgen. Ich war schon etwas erstaunt, daß Christine so auf mich flog. Ich finde mich nämlich überhaupt nicht toll, ich bin ziemlich schüchtern und eher verklemmt als draufgängerisch.

Mein Elternhaus war sehr problematisch. Ich bin der Mittlere von drei Geschwistern, das ist, glaube ich, eine ungünstige Position. Mein Vater war nur in meine ältere Schwester verliebt, meine Mutter nur in meinen Bruder, den Nachkömmling. Für mich hat sich nie jemand interessiert. Ich konnte immer zusehen, wie mit den anderen rumgeschmust wurde, wie um sie herum Zirkus gemacht wurde. Meine Geschwister sind beide noch daheim, sie haben nur die Hauptschule besucht und jobben herum. Weder meine Schwester noch mein Bruder haben einen richtigen Beruf. Als ich bei meinen Eltern anrief und ihnen sagte, daß ich mein Abitur bestanden hätte, sagte mein Vater lediglich, daß er mir das nicht zugetraut hätte. Kein Glückwunsch, nichts. Auch von meiner Mutter nichts.

Vielleicht war ich daher so überglücklich, als ich spürte, daß Christine auch in mich verliebt war. Daß sie zu mir ziehen wollte. Eine so attraktive, tüchtige Frau. Unsere Hochzeit war wohl auch der glücklichste Tag in meinem Leben. Meine Eltern waren da, meine Geschwister auch. Und meine Schwester sagte zu mir, daß sie es überhaupt nicht begreifen könne, warum dieses Mädchen einen so spießigen Streber wie mich wolle. Das sei ihr ein Rätsel. Ich fand das zwar unverschämt von meiner Schwester, aber sie ist noch nie durch großes Taktgefühl aufgefallen, und ich habe es ihr nicht übelgenommen. Im Grunde gab ich ihr sogar recht.

Schon von Anfang an hatte sich gezeigt, daß Christine sehr ängstlich und ablehnend allem Sexuellen gegenüberstand. Sie hatte schon ein paar Erfahrungen mit Männern gemacht, aber sie hatte noch nie mit einem geschlafen, weil es nicht ging. Sie hatte mit Vaginismus reagiert, also mit dem völligen Sichverschließen vor dem Mann. Christine sagte, sie habe sich dann immer geekelt und sei abgehauen, habe die Beziehung sofort abgebrochen.

Vor mir ekelte sich Christine nicht, doch sie hatte mit mir die gleichen Schwierigkeiten. Aber sie mochte es gern, wenn ich sie streichelte, und ich konnte sie durch Stimulieren der Klitoris zum Orgasmus bringen. Das hatte Christine noch nie erlebt, und wir waren beide sehr glücklich darüber. Ich hatte vor Christine auch einige Freundschaften mit Mädchen gehabt, die eine oder andere hatte auch schon bei mir übernachtet, aber ich habe mich nie in eines der Mädchen verliebt, obwohl wir miteinander geschlafen haben. Ohne jedes Problem. Aber auch ohne jedes tiefere Gefühl. Das waren einfach Rumspielereien. Die Mädchen haben es mir leichtgemacht. Es war, als wollten sie mich dafür entschädigen, daß sie bei mir wohnten. Es gehörte für diese Mädchen zum Leben wie das Zähneputzen. Es war auch ganz lustig, aber heute meine ich, daß ich nicht ganz dabei war. Nicht anwesend.

Bei Christine ist das ganz anders. Bei uns war zuerst das Gefühl des Zusammengehörens ganz stark. Wir waren in der Firma eins gegen den Rest der Welt. Es war so schön, zu wissen, da ist jetzt im Sekretariat das Mädchen oder die Frau, die gehört zu mir, die liebe ich, und sie liebt mich auch. Das war neu für mich und unglaublich wichtig. Christine war für mich zuerst ein lieber, lieber Mensch. Und dann kam erst das Sexuelle. Ich war sehr überrascht, daß Christine noch unberührt war, wenn man das mal so sagen kann. Sie hatte ja noch nie mit einem Mann geschlafen. Ich fand das weder toll noch negativ, ich fand es überraschend in der heutigen Zeit bei einer Frau über zwanzig, die aussah wie Christine.

Ich wollte alles tun, damit Christine Vertrauen zu mir bekam. Ich habe gewartet, bis sie mehr wollte als Schmusen, ich habe sie nur dann gestreichelt, wenn sie Lust darauf hatte. Mich machte es überglücklich, daß diese Frau meine Frau war, ein Mensch, mit dem ich abends heimging und morgens aufwachte. Ich hab' Christine oft angesehen, wenn sie schlief. Und ich habe mir überlegt, was wohl mit ihr passiert sein könnte, daß sie sich so massiv gegen das Eindringen des Penis in die Vagina verkrampft.

Mit der Zeit bauten wir uns einen Freundeskreis auf. Wir begannen, des öfteren in eine Kneipe zu gehen, in der eine Jazzband spielte. Dort kannten die Musiker die Gäste, es ging richtig familiär zu, ich fühlte mich ungemein wohl. Christine ging es ebenso. Sie zog einfache Jeans an, Pullover dazu, war ein ganz anderer Mensch als im Alltag, wo sie die disziplinierte Sekretärin war. Hier, unter den anderen, wirkte sie wie ein Schulmädchen, jung und lässig, ich war so stolz auf Christine.

Lange merkte ich nicht, daß der Schlagzeuger der Band Christine anmachte. Ein Freund sagte einmal zu mir, ich solle aufpassen, der sei scharf auf meine Frau. Da paßte ich auf und ich sah, daß auch Christine sich veränderte, wenn sich dieser Junge zu uns setzte. Er war erst neunzehn, trank für sein Alter schon ziemlich viel und rauchte pausenlos. Ich fand ihn etwas ungepflegt, er hatte strähnige Locken, und die Absätze seiner Cowboystiefel waren schief.

Auch was er so von sich gab, hätte ich nicht alles unterschrieben. Er hatte dezidierte Ansichten über alles und wohl kaum eine richtige Ahnung vom Leben. Er hatte keine richtige Schulbildung, jobbte überall rum, damit er abends Schlagzeug spielen konnte. Das spielte er sagenhaft, alle sagten das, und das stimmte wohl. Ich habe keinen so direkten Zugang zur Musik, in meiner Familie hat niemand ein Instrument gespielt, ich kann nicht einmal Noten lesen, aber ich glaube schon auch, daß der Junge begabt ist. Ich konnte ihn nicht leiden.

Christine jedoch mochte ihn. Was soll ich es lang und breit erzählen, sie verliebte sich in ihn. Es war widerlich für mich anzusehen, wie sich die beiden Blicke zuwarfen über den Tisch hinweg. Sie glaubten wohl, ich wüßte immer noch nicht, was los war. Christine kriegte rote Ohren, wenn der Typ sie ansah, und er war auch total verknallt, das konnte jeder sehen.

Als ich dann zu einer Fachtagung mußte, vier Tage verreist war, ist es passiert. Christine hat mit dem Typen geschlafen, und sie hatte dabei nicht die geringsten Krämpfe oder Hemmungen oder Schmerzen oder sonstwas. Richtig triumphierend hat sie es mir gesagt. Sofort, als ich zurückkam. Sie war selig, sie fragte gar nicht, wie es mir dabei ging. Sie sagte nur, daß sie jetzt zu dem Manny ziehen werde, und zwar sofort.

Das hat sie auch gemacht. Sie ist ausgezogen, hat sich Urlaub genommen, hat mir die Wohnung blitzblank hinterlassen. In der Firma hat sie dann später gekündigt, sie möchte alles Bisherige hinter sich lassen, ganz neu anfangen. Sekretärin will sie auch nicht länger sein, derzeit arbeitet sie als Bedienung in der Kneipe, in der ihr Typ spielt.

Ich kann es noch gar nicht fassen. Ich hab' das Gefühl, als lebe ich nur ferngesteuert. Ich tue alles, was ich sonst auch tue. Ich fühle mich nicht einmal unglücklich. Es ist so dumpf alles, so unlebendig, nicht einmal richtig tot. So einen Zustand habe ich noch nicht erlebt. Meine Freunde wollen mich trösten, auch Mädchen, ich empfinde nichts. Für niemanden. Nicht einmal für mich selber. Ich frage mich ständig, warum Christine nicht mit mir schlafen konnte. Sie war doch auch in mich verliebt, sie hat mich doch haben wollen, sie hat die Heirat sogar vorgeschlagen. Warum konnte sie diesen Schmuddeltypen lieben und nicht mich?«

Angelo, 34, Maler, lebt allein

»Spüren, ob sie einen Orgasmus hat«

»Ich war 16, als ich zum erstenmal mit einem Mädchen geschlafen habe. Glücklicherweise hat sie alles gemanagt, denn ich war total unsicher, es war ja für mich eine Entdeckungsreise. Ich weiß noch, daß ich keinen Orgasmus hatte, dazu war ich zu aufgeregt. Dabei kannte ich die Situation theoretisch sehr gut.

Ich bin in einem kleinen Ort in Kalabrien aufgewachsen. Die älteren Jungen im Ort haben den jüngeren genauestens erklärt, wie Liebemachen geht. Darüber wurde geredet wie über die Reparatur eines Mopeds auch. Hier in Deutschland, so glaube ich, läuft vieles über den Kopf. Dort war es eher ein Spiel, erstes Kokettieren, erste Küsse, erste Berührungen.

Ich war immer sehr abhängig von meinen Partnerinnen. Für die Frauen, mit denen ich schlafe, interessiere ich mich sehr. Es ist mir auch nicht egal, wie die Beziehung zustandegekommen ist. Ich bin ein ruhiger, nachdenklicher Typ, und es ist bei mir selten, daß es mal zu einem Quickie kommt. Ich lasse mir Zeit und der Frau auch. Mich macht es wahnsinnig an, wenn eine Frau mir zeigt, daß sie Lust auf mich hat, daß sie mich will. Dann bin ich schnell bereit, mit ihr zu schlafen. Ich glaube, ich spüre es, ob sie einen Orgasmus hat oder nicht. Dabei ist es gleichgültig, ob es im Bett stürmisch abläuft oder still. Bei einer Frau, mit der man schon oft geschlafen hat, spürt man es ohnehin.

Da ich im Bett nicht gern rede und auch nicht alles glaube, was man mir da erzählt, verlasse ich mich auf meine Wahrnehmungen. Überhaupt, wenn Frauen viel reden, macht das mein Verlangen eher kaputt. Und ob das nun am Ende ein vaginaler oder ein klitoraler Orgasmus ist, wen interessiert das? Wenn es meiner Freundin Probleme macht, okay, dann beschäftigen wir uns damit. Darüber muß man nicht viele Worte verlieren. Es ist unheimlich schön, wenn die Frau aktiv ist und sagt, was sie will. Wenn sie sich an mir bedient, wenn sie sich nimmt, was ich habe, das macht mich an. Toll, wenn eine Frau ganz frei ist. Und zärtlich. Die meisten Frauen können sehr zärtlich sein. Und mit der Zeit werden dann andere Sachen wichtiger als Sex. Ich habe seit längerem eine feste Freundin.

Mir ist wichtig zu wissen, daß wir fest zusammenstehen. Sagen wir, 50 Prozent der Beziehung sind Sex, 50 Prozent Liebe und Zusammenhalt.«

»Ich hätt' gern wieder einen Orgasmus«

»Orgasmus – ja, das ist ganz wichtig für eine Frau. Als ich verheiratet war, habe ich oft Orgasmen gehabt. Bis vor sieben Jahren also. Da hat mich mein Mann verlassen. Er hat eine Kollegin geheiratet, die elf Jahre jünger ist als ich und wesentlich hübscher. Und ich hatte immer geglaubt, mein Mann wäre glücklich mit mir.

Alle im Büro wußten, daß mein Mann ein Verhältnis mit einer Kollegin hatte. Es war der klassische Fall, wo alle informiert sind, außer der Ehefrau. Dabei hatte mich einmal eine Kollegin der beiden angerufen, und sie wollte mir sagen, was da lief. Ich hab' ihr gar nicht zugehört, hab' ihr gesagt, daß ich kein Wort glaube, daß sie sich allein ausspinnen soll. Nun, inzwischen weiß ich, daß sie recht hatte.

Als ich meinen Mann heiratete, vor knapp 30 Jahren, da hatte ich schon zwei Jahre Ehe hinter mir. Es war eine Mußehe, aus der ich meinen ältesten Sohn habe. Mit meinem ersten Mann hatte ich keinen Tag Glück. Wir haben nur gestritten, aber dabei blieb es nicht, er konnte auch handgreiflich werden. Daher hatte ich im Bett keine Lust, vor allem nicht mehr, nachdem mein Kind auf der Welt war. Darauf nahm mein erster Mann jedoch keine Rücksicht. Er nahm sich, was er wollte, ich glaube, es hat ihn gerade dann gereizt, wenn ich mich sträubte und weinte, weil er kurz vorher noch ausfallend gewesen war. Um so glücklicher war ich mit meinem zweiten Mann. Der war genau das Gegenteil vom ersten. Sanft, lieb, rücksichtsvoll. Sehr verliebt in mich. Wirklich. Er half mir im Haushalt, beschäftigte sich mit meinem kleinen Sohn. Und vor allem im Bett war er der zärtlichste Mann, den man sich vorstellen kann.

Vorher hatte ich nicht einmal geahnt, was ein Orgasmus ist. Dieser Mann jedoch tat alles, damit ich einen haben sollte. Liebevoll beschäftigte er sich mit meinem Körper, und mir gefiel das. Ich war so im Mittelpunkt wie noch nie in meinem Leben. Wir schliefen sehr oft miteinander, und ich bekam immer mehr Lust darauf.

Mit der Zeit fanden wir heraus, wie auch ich zum Höhepunkt kommen konnte. Mein Mann saß auf meinen Schenkeln, so, daß er mit seinem Penis meine Klitoris streicheln konnte. Oder ich nahm seinen Penis und reizte meine Klitoris, während er meine Brustwarzen rieb. Dann spürte ich bald so ein Ziehen hinten im Rücken, ich spürte, wie ich heiße Ohren bekam, und dann flutete das irgendwie so rein in meinen ganzen Körper, so eine Hitze, und dann zerplatzte das. Und kurz, ehe es zerplatzte, drang mein Mann in mich ein, und es war unglaublich scharf.

Mein Mann und ich haben noch zwei Söhne bekommen, leider wurde ich nach den drei Kindern nie mehr schlank. Ich kann schon sagen, ich bin eher dick. Ich mag meinen Körper nicht, ich finde ihn nicht mehr schön. Schon lange nicht mehr. Aber mein Mann sagte immer: ›Ich gebe kein Pfund her‹, und wir schliefen tatsächlich auch immer miteinander, bis eben dann die andere Frau kam. Sie ist hübscher als ich, das ist keine Frage. Sie hat nie ein Kind gehabt und immer gut verdient, zieht sich gut an, benutzt teure Parfums. Ich hab' sie bei Betriebsfesten oft gesehen, aber nie gedacht, daß sie von meinem Mann etwas will. Mein Mann ist auch kein Schwarzenegger, aber mir hat er immer gefallen, und ihr gefällt er wohl auch, denn sie haben vor zwei Jahren geheiratet.

Ich habe nie viel Geld zur Verfügung gehabt, war Hausfrau, hab' halt für die Familie gesorgt wie so viele Frauen. Jetzt sitze ich an der Kasse im Supermarkt, bin froh, daß ich den Job habe. Einen Freund habe ich inzwischen auch gefunden. Ich mag ihn, aber mit der körperlichen Liebe, da klappt es nicht so. Er hat, glaube ich, nicht die Phantasie, die mein Mann hatte. Man soll ja nicht vergleichen, und ich bin ja auch nicht unzufrieden, aber einen Orgasmus, den hab' ich nur mit meinem Mann gehabt. Ich hätte ihn gern wieder.«

Oliver, 29, Werbegraphiker, nicht verheiratet

»Ohne Bilder geht bei mir nichts«

»Ich bin unehelich geboren, bei meiner Mutter aufgewachsen. Sie hat mich von allem abgeschirmt, ich war immer nur mit ihr zusammen, nicht einmal im Kindergarten war ich. In der Schule hatte ich es entsprechend schwer. Meine Mutter wollte nicht, daß ich mit anderen Kindern spiele, sie hatte Angst, daß ich dann verdorben werde. Sie sagte, daß die anderen stehlen, nur Streiche im Kopf haben. Ich wollte aber doch zu den Kindern, und sie ließ mich denn auch, aber ich mußte sie nachher immer versöhnen. Lange mit ihr schmusen. Wir haben auch immer gemeinsam gebadet, fast bis zu meiner Pubertät, also bis ich so zwölf, dreizehn war. Dann wollte ich das nicht mehr, ich wollte auch nicht mehr bei meiner Mutter schlafen und setzte es durch, daß ich in der Abstellkammer ein Zimmer für mich bekam. Meine Mutter verdiente nicht sehr gut, sie ist Helferin in einer Stadtteilbibliothek. Mein Vater konnte nicht für mich bezahlen, er ist selber ein Sozialfall. Daher hatten wir auch nur eine kleine Wohnung, und ein Kinderzimmer war eben nicht drin. Aber in die Abstellkammer paßte gerade mein Bett rein, und ich war froh. Ich wollte einfach alleine schlafen, mir nicht die Geschichten meiner Mutter anhören und all das andere Frauenzeug. Auch das Schmusen mit meiner Mutter ging mir langsam auf die Nerven. Sie weinte immer, sagte, daß ich sie nicht liebhätte, und das sei nun der Dank und was man dann immer so sagt, wenn man andere erpressen will.

Heute sehe ich das jedenfalls so, meine Mutter hat mich immer erpreßt. Aber ich hatte nur sie, und ich habe sie auch sehr geliebt, als ich ein kleiner Junge war. Meine Mutter war auch meist allein. Sie sah nicht so besonders attraktiv aus, oder sie kleidete sich nicht richtig, ich weiß es auch nicht so recht, jedenfalls hatte sie keinen Freund. Sie schrieb immer heimlich auf Anzeigen, ich habe es rausgekriegt und hab' gehofft, daß sie vielleicht doch mal einen Mann findet, aber da hat es wohl nie gereicht irgendwie.

Ich hatte dann doch noch riesiges Glück. Ein Bruder meines Vaters, der selber keine Kinder hat, bezahlte mir meine Ausbildung als Graphiker. Ich konnte keine Oberschule besuchen, aber diese private Graphikschule verlangte das auch nicht. Gezeichnet habe ich schon immer gerne, und einmal hat dieser Bruder meines Vaters, der ja irgendwie mein Onkel ist, also der hat das mal mitgekriegt. So ein-, zweimal im Jahr hat er mich besucht. Er sagte immer, ich sei derjenige, der den Namen weitervererben müsse, die Linie würde ja sonst aussterben. So ein Quatsch. Aber egal, ich bin dem Mann riesig dankbar, die Schule war teuer, ich glaube, der hat für die drei Jahre an die Dreißigtausend hingeblättert. Aber mir hat es vom ersten Tag gefallen in der Schule. Ich bin richtig aufgelebt irgendwie. Lustige Typen waren in der Schule, keine Streber, da hat nur gezählt, wer am besten zeichnen konnte und wer die meiste Phantasie hatte. Das war so ziemlich ich. Am besten konnte ich Frauen zeichnen. So welche mit riesigen Hintern. Die anderen waren immer ganz weg von meinen Sachen, sogar die Lehrer.

Ich wurde auch eingeladen von anderen Schülern. Nicht gleich am Anfang, aber so nach ein paar Wochen. Ich bin hingegangen, obwohl meine Mutter zeterte und jammerte, ich bekäme ja keinen Schlaf und dann wieder die Leier, daß die anderen mich verderben würden und so. Da hab' ich ihr aber mal meine Aktzeichnungen gezeigt, und sie war baff. Das bist du, hab' ich gesagt, und sie ist beinahe in Ohnmacht gefallen.

In der Schule waren auch Mädchen. Viele sogar. Und manche sahen toll aus. Aber irgendwie hatte ich Angst vor denen, obwohl ich wahnsinnig gern eine Freundin gehabt hätte. Auf Parties habe ich mal ein bißchen rumgemacht, aber mehr lief nicht. Ich war siebzehn inzwischen und noch total unerfahren. Natürlich hatte meine Mutter mich nie aufgeklärt. Das hätte ich auch nicht haben wollen. Das hätte mich gestört, irgendwie. Immer, wenn ich mit einem Mädchen soweit war, daß es übers Schmusen rausging, traute ich mich nicht mehr.

Einmal hab' ich das einem Jungen aus der Graphikschule erzählt. Wir hingen in einer Kneipe und feierten ein bißchen unsere Zeugnisse. Beide waren wir etwas angestochen. Und da hab' ich ihm erzählt, daß ich mich nicht traue. Mensch, dann geh doch mal in den Puff, sagte der andere Junge, und wenn ich da auch Schiß hätte, dann würde er mitkommen. Und das machte er dann auch. Er erzählte mir von der Stiefelfrau, zu der er ging, aber das ekelte mich an, das wollte ich nicht. Die Frauen, die ich mir aussuchte, immer die Jüngsten, waren nett zu mir, sie wollten mir auch helfen, aber mir war das zu primitiv. Außerdem hatte ich das Geld auch nicht so dick. Dreimal war ich im Puff, und dann hab' ich das gelassen.

Wenigstens wußte ich nun, wie es ging. Und daß ich es schwer hatte, eine Erektion zu bekommen. Und wenn sie kam, dann ging es auch schon los. Das machte mich auch nicht so glücklich.

Soviel wußte ich immerhin, daß bei Männern das Glied immer sofort steif sein muß und daß man es dann stundenlang mit der Frau treibt. Davon war ich Millionen Lichtjahre entfernt.

Ich war schon zwanzig, als ich Ina kennenlernte, meine jetzige Freundin. Neun Jahre sind wir zusammen. Ina war genauso verängstigt und verklemmt wie ich, als wir uns kennenlernten. Sie hatte mir im Kaufhaus Geld geliehen, als ich an der Kasse stand und plötzlich sah, daß ich mein Geld daheimgelassen hatte. Ich habe sie dann zum Essen eingeladen. Wir sind wochenlang nur miteinander zum Essen oder spazieren gegangen. Mehr passierte nicht.

Man sollte das von Ina gar nicht denken. Sie ist groß, größer als ich, sieht gut aus, vielleicht nicht schön, aber so ein witziger, auffallender Typ ist sie. Färbt sich hemmungslos die Haare, trägt viel Jeans und Schwarz und Silbernieten. Ina sieht völlig anders aus, also, man hat von ihr ein völlig anderes Bild, man denkt, das ist eine Freche, Forsche, die macht was los. Ina ist 27, sie hat ein eigenes Taxiunternehmen, sie hat es von ihrem verstorbenen Vater übernommen. Inas Eltern haben sich scheiden lassen, als Ina vier Jahre alt war, die Mutter ist mit einem Amerikaner in die USA gegangen. Ina blieb bei ihrem Vater. Nach und nach ist sie damit herausgerückt, daß sie auch mit ihrem Vater so eng zusammengelebt hat wie ich mit meiner Mutter. Vielleicht war es das, was Ina zu mir gezogen hat, warum sie bis heute bei mir ist. Wir haben so ziemlich ähnliche Erfahrungen gemacht mit unseren alleinerziehenden Eltern, wie das heute heißt. Nur Ina viel extremer als ich. Inas Vater hat sich an sie rangemacht, mit ihr sexuell gespielt und ihr gesagt, daß sie das niemals jemandem erzählen dürfe.

Ina hat es auch nie erzählt, und sie sagt, daß es ihr auch lange Zeit nichts ausgemacht habe. Erst als sie älter wurde, so ab acht ungefähr, da sei es ihr widerlich geworden. Zungenkuß und so, das habe sie angeekelt, aber sie habe es sich nie zu sagen getraut. Mit der Zeit hat ihr Vater dann immer mehr mit ihr gemacht, und dann ist es ihr zuviel geworden, sie hat geweint und sich vor ihm eingeschlossen. Dann hat er sie lange Zeit in Ruhe gelassen, hat geschworen, daß er es nicht mehr tun würde. Hat gesagt, daß er sie wahnsinnig liebhabe und daß andere Männer sie niemals so liebhaben könnten.

So mit dreizehn hat Ina dann verlangt, daß sie ins Internat darf, sonst würde sie alles sagen. Der Vater hat sie dann auch in ein Internat im Landkreis gehen lassen. Er hat sie nie wieder angefaßt, aber Ina hatte wohl ihren Knacks schon weg.

Jedenfalls hat sie mir erzählt, daß sie es nicht aushält, wenn Männer sie wollen. Ina mochte auch ihren Körper nicht, obwohl sie eine tolle Figur hatte (und hat), aber sie lehnt sich ab, mag nicht in den Spiegel sehen, wenn sie nackt ist, und ich darf sie auch nie so richtig nackt sehen. Alle Jungen oder Männer durften sie nur im Dunkeln ein bißchen streicheln und nur über der Kleidung, mehr konnte Ina nicht aushalten. Sie hat dann immer schnell Schluß gemacht, bevor es den Männern zu dumm wurde.

Alles das hat Ina mir natürlich nur so kleckerweise im Laufe der Jahre erzählt. Sie hat mir gesagt, daß sie richtig froh war, als ihr Vater starb. Da habe sie einmal so richtig tief durchgeatmet.

Ich hab' Ina dann auch so ziemlich alles über meine Mutter und mich erzählt. Ich war schon mit achtzehn daheim

45

ausgezogen, meine Mutter war traurig, aber sie hat es dann eingesehen. Ich habe sie anfangs oft besucht, später selten, heute gehe ich mit Ina eigentlich wieder öfter zu ihr. Aber damals war das für mich eine tolle Zeit, die erste eigene Wohnung. Ich habe schon früh in einer Werbeagentur ausgeholfen, da war meine Ausbildung noch gar nicht beendet. Hilfsarbeiten nur, aber ich habe gut verdient damit. Ich hatte auch viele Ideen, ich durfte immer mehr machen, immer selbständiger. Und sie haben es mir wie einer Vollkraft bezahlt. Da war das mit der Wohnung bald keine Frage mehr, ich konnte alles bezahlen, Miete, Telefon, Essen, Wäsche. Heute habe ich sogar eine Eigentumswohnung, da wohnt jetzt meine Mutter drin, das ist mir wichtig, daß sie eine richtige Wohnung hat und nicht mehr dieses Loch mit der Besenkammer.

Aber Ina und ich, wir haben es schwer. Es gibt viel Streit bei uns, bei dem es eigentlich nur um den Sex geht. Ina hat natürlich bald herausbekommen, daß ich sehr oft masturbiere. Daß ich mir dazu immer Frauen mit riesigem Hintern male. Wenn ich das nicht tue, geht bei mir überhaupt nichts. Ina war so sauer, daß wir uns monatelang aus dem Weg gegangen sind, soweit man das in einer gemeinsamen Wohnung eben kann. Ich merkte dann, daß es Ina sehr naheging. Sie aß fast nichts mehr. Als ich sie fragte, warum, wollte sie nicht mit mir darüber reden. Irgendwann rückte sie dann damit raus, daß sie nicht so aussehen wolle wie die Frauen auf meinen Zeichnungen. Und da sie nun mal beim Auspacken war, sagte sie auch noch, daß sie sich auch einen ganz anderen Mann wünschen würde, als ich es sei. Einen, der äußerlich anders aussähe und auch innerlich.

Einmal, nach einer Party bei Freunden, waren wir beide ein bißchen angetrunken. Als wir heimkamen, waren wir richtig glücklich und verliebt. Wir schmusten und redeten bis morgens miteinander. Und da hat mir Ina erzählt, daß sie auch von Männern phantasiert und daß sie auf diese Weise auch Geheimnisse vor mir hat und daß wir eigentlich quitt seien. Das hat uns beide unheimlich erleichtert und uns wahrscheinlich noch fester aneinander gebunden.

Doch mit der Zeit machte mich der Gedanke sehr unruhig. Ich wurde richtig eifersüchtig auf Inas Phantasiemänner. Warum war ich nicht der Mann, von dem sie träumte? Da kamen mir wieder meine Komplexe zu Bewußtsein, meine Schwierigkeiten, mich als richtiger Mann zu beweisen. Es war ja klar, Ina mußte ja von einem gestandenen Mann träumen. Unser sexuelles Leben war ja gleich null. Manchmal schliefen wir monatelang nicht zusammen. In dieser Zeit ging es uns immer sehr gut. Wir konnten schmusen, albern, verstanden uns wunderbar − aber eben auf einer kameradschaftlich-kumpelhaften Ebene. Mir war das zuwenig. Ich liebe Ina und begehre sie. Das hab' ich schon immer getan. Ich will nichts anderes, als richtig mit ihr schlafen, so wie das alle Leute miteinander machen. So wie ich das mit meinen Phantasiefrauen in meinen Phantasien tue und wie es Ina mit ihren Phantasiemännern tut. Wenn ich Ina streichle, sie mit der Zunge oder mit den Händen stimuliere, hat sie manchmal sogar einen Orgasmus. Aber sie ist sehr selten bereit, sich von mir streicheln zu lassen. Sie sagt, daß es ihr eigentlich lieber ist, wenn wir nur so herumschmusen, Sex sei ihr immer weniger wichtig.

Ich hab' ihr dann vorgeworfen, daß sie nur in ihrer Phantasie Sex machen will, aber Ina versicherte mir, daß sie das immer weniger mache, das mit dem Phantasieren. Ihr sei es wichtiger, mit mir zu leben. Sie möge mich sehr gern, wünsche sich keinen anderen Mann, und wenn ich Lust hätte, würde sie mich jederzeit heiraten.

Darüber habe ich mich wahnsinnig gefreut. Wer Ina

kennt, weiß, daß sie sich so etwas genau überlegt, das sagt sie nicht nur so. Ich bin auch verändert. Seit ich weiß, daß meine Phantasien Ina stören und ihr weh tun, habe ich diesen Wünschen nicht mehr nachgegeben. Und sie kommen auch nur noch ganz selten. Ich möchte mich auch auf Ina konzentrieren. Wir sind ja noch jung. Vielleicht ändert sich ja noch alles. Mir geht es jedenfalls nicht so wie Ina. Ich bin nicht sexuell wunschlos. Im Gegenteil. Ich hab' große Sehnsucht nach einem richtigen Sexualleben. Mit Ina. Und wenn wir es nicht haben können, dann wird das immer schwer sein für mich. Aber ich werde Ina deshalb nicht aufgeben. Wir hatten beide keinen guten Start ins sexuelle Leben. Das wissen wir inzwischen. Vielleicht sollten wir uns mal gemeinsam mit Fachleuten darüber unterhalten. Aber ich bin nicht sicher, ob Ina das will. Mir hat dieses Gespräch schon was gebracht.«

Marnie, 24, Sekretärin, lebt allein

»Sexuell ein Vielfraß«

»Ich brauche, um richtig kommen zu können, ganz viel Vertrauen zu einem Mann. Viel Vertrautheit auch. Ich muß ihn lange kennen, ehe ich mit ihm ins Bett gehe. Und ich muß jedesmal vorher lange mit ihm reden, schmusen, Musik hören. Es muß knistern zwischen uns, es muß sich vorbereiten. Von Quickies halte ich nichts, eher schon von Opern. Mir ist auch der Orgasmus nicht wichtig. Ich könnte stundenlang neben meinem Freund liegen, den Kopf an seiner Schulter. Nichts weiter. Träumen. Dösen. Gut, okay, manchmal, wenn ich lange keine Liebe gemacht habe, hab' ich schon einen Stau, einen Druck, dann bin ich durch einen Orgasmus wie erlöst.

Ich bekomme auch beim Koitus einen Orgasmus. Manchmal. Das ist, als wenn ein heißer Strahl in dir aufsteigt. Viele Frauen bestreiten ja, daß es einen vaginalen Orgasmus gibt. Aber ich habe ihn, gar keine Frage. Oder zumindest kenne ich zwei unterschiedliche Versionen. Richtig beschreiben kann man so was ja nicht, aber beim ›großen‹ Orgasmus, da bin ich wie weggetreten. Ich weiß nicht mehr, wo oben und wo unten ist, ich bin wie aufgelöst in meiner Gier. Manchmal finde ich mich mit meinem Freund vor dem Bett wieder, oder wir sind zwischen zwei Bettstellen gerutscht. Alles schon passiert. Ich bin sehr aktiv, kann völlig ausflippen. Deshalb denken manche Männer, ich sei sexuell ein Vielfraß, aber eigentlich ist das Gegenteil richtig.

Meine Freunde sind meist wesentlich ältere Männer. Offenbar habe ich zu denen mehr Vertrauen. Rational gesehen wäre mir ein junger Typ natürlich lieber. Einer, mit dem ich zusammenwohnen könnte, für die Zukunft planen und so. Richtig alles teilen, und trotzdem könnte jeder frei sein. Ich wäre meinem Freund, wenn im Bett alles okay wäre, bestimmt treu.

Was ich am Liebemachen schrecklich finde, ist, daß manche Männer sich kurz nach dem Orgasmus umdrehen und pennen und schnarchen. Ich könnte und möchte dann noch stundenlang reden, dann ist man doch offen für den anderen, dann ist es doch am ehrlichsten und am schönsten. Ich kann auch nicht leiden, wenn Männer immer nur von sich reden, nur ihren Job wichtig nehmen und nicht sehen, daß Frauen heute auch ganz schön malochen. Ich möchte akzeptiert werden, wie ich bin, eine eigene Meinung haben dürfen. Viele Männer kriegen ja richtig Angst, wenn du sagst, was du denkst.«

Viktoria, 28, Regieassistentin, verheiratet,
3 Töchter, Ehemann Bühnenbildner

»In der Schwangerschaft kriegte ich nie genug«

»Ich habe oft wunderschöne sexuelle Träume. Neulich war eine Freundin da. Sie arbeitet im Ensemble von Zadek. Sie kann ihn gut imitieren, seinen näselnden Ton, seine Attitüden. Er ist ja unmöglich, also im Sinne von liebenswert unmöglich. In der Nacht träumte ich von ihm. Er kam auf mich zu, sagte, daß ich die schönste Frau sei, die er je gesehen habe, und wir müßten uns lieben. Das wollte ich auch, ich war verrückt vor Sehnsucht nach ihm, so, wie man das nur im Traum sein kann. Zadek hatte ein komisches altes Auto, in dem fuhren wir zu ihm. Unterwegs begann er, mich auszuziehen. Ich wurde ganz ekstatisch vor Begehren. Plötzlich fuhr jemand von hinten auf Zadeks Auto auf. Zadek mußte aussteigen. Er sagte zu mir, ich solle mich aber nur ja nicht anziehen, der Auffahrer solle mich ruhig nackt sehen. Das fand ich auch. Als wir endlich zu Zadeks Haus kamen, hielten wir es nicht mehr aus. Wir liebten uns unter einem Baum in seinem Garten, um uns herum spielten Kinder. Ich dachte immer, hoffentlich hört das nie auf.

Sexualität als Traum, als Vorstellung, ist für mich sehr wichtig. Sexualität war für mich überhaupt immer selbstverständlich und niemals von Angst oder Schuldgefühlen besetzt. Wir durften uns im Bett meiner Eltern dazukuscheln, im Urlaub habe ich sie oft nackt gesehen, dann gab es auch immer großes Frühstück im Bett. Aufgeklärt wurde ich allerdings nie. Meine Mutter hat nie über Zeugung oder Empfängnisschutz geredet. Da war sie offenbar befangen.

Wir fuhren jedes Jahr in die Dolomiten, wo wir ein Haus hatten. Da kannte ich viele ältere Kinder und Jugendliche und habe sie beobachtet, wenn sie schmusten und so. Dort gab es auch Robert. Er küßte mich, und ich bekam dafür 100 Lire. Dafür konnte ich mir damals einen Beutel wunderschöner bunter Bonbons kaufen, die ich zwar nicht aß, aber sammelte. Ich war damals elf, Robert 15 Jahre. Robert sagte, daß ich mich ausziehen müsse. Ich tat das auch, es gefiel mir sehr, vor allem, weil Robert sagte, es dürfe niemand wissen. Ich spürte bald, daß ich Robert manipulieren konnte. Er war todtraurig, wenn ich nicht wollte, wenn ich sagte, daß ich keine Lust hätte. Das ging alles gut, bis meine Mutter die Mengen Bonbons fand. Sie verbot mir Robert. Doch wir haben nicht von unseren Spielen gelassen. Jahrelang nicht. Später wollte Robert dann mit mir schlafen. Aber das tat mir weh, und das wollte ich nicht. Jetzt wußte ich aber zumindest, wie es ging.

Es gab dann eine Zeit, in der ich mich weniger für Jungen interessierte. Ich wurde religiös. Ich kniete nackt in meinem Zimmer und fühlte mich toll. Natürlich habe ich auch masturbiert. Nur die Knutschparties, die bald in Mode kamen, die haben mich nicht interessiert.

Mit siebzehn hatte ich dann einen viel älteren Freund, mit dem habe ich zum erstenmal geschlafen. Das heißt, wir haben es versucht, doch es klappte nicht, es tat weh. Mein Freund verließ mich enttäuscht, aber ich traf bald darauf Peter, und mit ihm konnte ich zusammensein, es tat nicht weh, es war schön. Einen Orgasmus hatte ich nie. Das weiß ich, weil ich dieses Gefühl vom Masturbieren her kenne. Damals dachte ich, der Peter, der macht da was verkehrt. Ich erwartete von ihm, daß er mir den Orgasmus brachte. Ich hatte auch große Angst, schwanger zu werden. Zum Arzt zu gehen, um die Pille zu bitten, das traute ich mich nicht. Auch meiner Mutter mochte ich nichts sagen.

Dann fand ich einen Jungen, mit dem habe ich stundenlang geschmust. Anstatt in die Schule zu gehen, gingen wir in den Englischen Garten, legten uns in die Wiesen, es war herrlich. Bei Konstantin habe ich mich nie verstellt oder geniert. Bei allen anderen Freunden habe ich mich immer so verhalten, wie ich es in Romanen gelesen hatte, das habe ich immer versucht nachzuspielen. Bei Konstantin konnte ich einfach ich selber sein. Doch Konstantins Eltern waren sauer. Sie waren Griechen. Für sie war ich ein Ungeheuer, schuld daran, daß ihr Sohn in der Schule so schlecht war. Doch sie konnten nicht verhindern, daß Konstantin und ich miteinander schliefen. Ich weiß es noch wie heute. Ich trug eine Bluse mit 20 kleinen Knöpfen, die Konstantin alle öffnete. Ich zitterte, ein bißchen Wahnsinn war dabei, wir schliefen miteinander, und plötzlich bekam ich einen Orgasmus. Es war, als ob eine Rakete in meinem Kopf platzte, als ob ich Sternchen sähe. Ich mußte lachen. Und weinen.

Konstantin und ich haben dann alle möglichen Spiele gespielt. Etwa so: Ich sitze im Lokal und er kommt rein und macht mich an. Oder wir spielten, daß ich ihn in flagranti erwischt habe. Oder er mich. Natürlich ging es dabei immer um die Versöhnung im Bett.

Das Thema Orgasmus ist heute für mich nicht mehr so wichtig wie vor zehn Jahren. Zumindest nicht, ob ich einen klitoralen oder einen vaginalen Orgasmus habe. Ich weiß nur, daß, wenn ich sehr erregt bin und meine Klitoris berührt wird, ich einen sehr scharfen, kurzen Orgasmus habe. Der ist aber nicht zu vergleichen mit dem anderen, seltenen, intensiven, bei dem ich Sterne sehe. Diesen Orgasmus habe ich nur, wenn mein Mann sich lange und intensiv in mir bewegt. Und ich liebe meinen Mann dann auch ganz unbeschreiblich innig. Aber erklären, was sonst passieren muß, damit dieser Orgasmus kommt, das kann ich nicht. Rein technisch schon gar nicht. Für Verrenkungen im Bett bin ich

nämlich gar nicht zu haben. Am liebsten habe ich die ganz
normale Stellung, die überall Missionarsstellung genannt
wird.

In der Schwangerschaft allerdings fand ich es am schönsten, wenn mein Mann von hinten in mich eindrang. Da war
meine Sexualität überhaupt völlig anders als vorher und
nachher. In den ersten Monaten der Schwangerschaft konnte ich nicht genug kriegen vom Sex, ich hätte viermal am
Tag Sex haben mögen. Ich fand zu dieser Zeit meinen Körper sagenhaft, mein Busen war groß und fest, aufregend war
das. In den späteren Schwangerschaftsmonaten hat sich das
allerdings geändert. Da war ich in mich gekehrt und mochte
auch nur noch Zärtlichkeit, Wärme.

Seit ich verheiratet bin, auch, seit die Aids-Angst umgeht,
schlafe ich nicht mehr mit anderen Männern. Ich hoffe, daß
mein Mann sich auch daran hält.«

Bernhard, 55, Lyriker, verheiratet, 3 Kinder

»Siechtum, Wahnsinn und Höllenrache«

»Ich war fünfzehn. Seit Monaten heimgesucht, ja, nachts
heimgesucht von Sexual- und Masturbationsphantasien. In
meiner Erinnerung geradezu qualvoll, jede Regung von Lust
verbunden mit Gewissensqual. Dem Gefühl des Verbotenen, Ungehörigen, Schädlichen, Eklig-Klebrigen. Dem
Gefühl, sich ständig waschen zu müssen, als dampfe der
Körper einen durchdringenden Spermageruch aus. Dabei
kannte ich noch nicht einmal jenen populären Masturba-
tionswahn, wonach einem mit dem Sperma das Rückenmark ausfließe, diesseits und jenseits von bleichem Siechtum, Wahnsinn und Höllenrache bedroht. Niemand hatte

mich aufgeklärt. In fast allen Elternhäusern (zumindest in denen, die ich kannte) war Sexualität ein absolutes Tabu. Auch bei uns, obwohl mein Vater Arzt war. Sexualität gab es eben nicht, über so etwas spricht man nicht, basta.

Als ich mir wieder einmal beim Einschlafen den steifen Schwanz streichelte, überkam mich eine unerklärliche Erregung, und plötzlich schoß aus dem Glied vehement eine klebrige Flüssigkeit. Darüber erschrak ich dermaßen, daß ich nicht einmal mehr Lust verspürte. Vielmehr hatte ich Angst, mich unheilbar verletzt zu haben. Da sich aber nichts Krankhaftes oder gar Tödliches zeigte, verlor ich meine panische Angst. Nach und nach lernte ich, das neue Vergnügen zu lieben.

Jungen Leuten heute müssen solche Erfahrungen absurd vorkommen. Unbegreiflich. Aber damals war eben unterhalb des Nabels alles tabu. Nach und nach flüsterten wir uns gegenseitig zu, was wir beobachteten und erfuhren. Wir lernten, daß es ›eine einzige Sauerei‹ war, was erwachsene Männer mit den Frauen machten: ›Sie stecken ihnen den Schwanz ins Loch und pinkeln hinein.‹

Meine frühen Jahre waren leider Jahre einer manchmal verzweifelten Einsamkeit, mit einer als Last empfundenen Lust.

Sex bedeutet mir heute wie damals sehr viel. Ich kann Sex niemals isoliert von meiner ganzen Persönlichkeit betrachten. Sex gibt es für mich nur in einer starken Verbundenheit mit der Frau. Ich habe niemals Bordelle besuchen können, die Mechanik dort widert mich an. Ich habe in meinem Leben immer wieder Perioden von langer, erzwungener Abstinenz gehabt. Wenn ich darunter leide, dann nicht, weil es körperlich quälend ist, sondern weil meinem Wesen der weibliche Kontrapunkt entzogen wird und ich mich daher unvollständig fühle.

54

Meine Frauen waren immer meine Traumfrauen. Ich habe mich absolut nach ihren Wünschen gerichtet. Es war und ist mir vor allem wichtig, daß sie sich geliebt fühlen und sich hundertprozentig auf mich verlassen können. Wenn ich liebe, bin ich auch treu.

Orgasmusprobleme habe ich bei meinen Frauen nicht gefunden. Wir haben unsere Orgasmen sozusagen immer ausgetauscht. Wie bei den alten Chinesen die Harmonie von Yin und Yang, der Austausch von weiblicher und männlicher Substanz.

Was ich nicht ausstehen kann, sind Frauen, die sich fürs Bett parfümieren. Ich liebe den Eigengeruch des Körpers und ganz besonders den des Geschlechts und finde es geradezu abstoßend, dort Parfums, Seifen oder Intimsprays zu riechen und zu schmecken. Das ist der Tod der Erotik, dieser Hygienefimmel unserer Gesellschaft.

Was ich ebensowenig mag, sind Kondome und all jene mechanischen Mittel, mit denen die Zärtlichkeit unterbrochen wird. Wie soll da eine Frau, deren Orgasmus von viel mehr Komponenten abhängig und störanfälliger ist als beim Mann, wie soll sie da zum Orgasmus kommen. Sicher, die Aids-Hysterie. Man muß sich schützen. Aber ich kann junge Frauen verstehen, die auf Sex verzichten, weil sie nie befriedigende Zärtlichkeit und einen Orgasmus erleben.«

Christina, 22, Sattlerin, lebt allein

»Orgasmus – absolute Fehlanzeige«

»Ich habe wirklich kein sexualfeindliches Elternhaus gehabt. Im Gegenteil. Meine Eltern haben sehr oft miteinander geschlafen. Ihr Schlafzimmer lag neben meinem, und da habe ich es oft gehört. Meine Mutter kicherte, prustete, manchmal schrie sie auch. Mir hat das aber — wie anderen Kindern — nie angst gemacht. Ich wußte irgendwie, daß das schon in Ordnung war. Ich selber spielte im Kindergartenalter mit dem Sohn des Hausbesitzers. Wir faßten uns überall an und kitzelten uns. Das fanden wir toll.

Und heute? Ich flirte gern mit Männern, ich werde auch reichlich angemacht — aber sexuell berührt mich das alles nicht. Ich weiß wirklich nicht, was die Leute meinen, wenn von Orgasmus die Rede ist. Von Ekstase, Lust, Verlangen, Erregung. Nichts davon kenne ich. Im Grunde mag ich nichts, was über Küssen hinausgeht. In mir bleibt es kalt. Ich glaube auch nicht, daß ich nur in mich selbst verliebt bin. Das hat mir mal ein Mann vorgeworfen. Ich wirke anziehend auf Männer, aber es ist nicht so, daß ich ein sinnliches Verhältnis zu meinem Körper hätte. Zu meinen Geschlechtsorganen schon gar nicht. Ich hatte auch nie Lust zu masturbieren.

Neulich habe ich ein Buch gelesen. Über sexuelle Phantasien der Frauen. Geschrieben hat es eine Amerikanerin. Ich bin so neidisch seitdem, was Frauen alles phantasieren können. Und ich? Fehlanzeige.

Was ist nur los mit mir? Ich habe einen festen Freund. Wir sind beide in unserem Job ziemlich angespannt, sehen uns relativ selten. Aber wenn, dann will er mit mir schlafen. Das gehört ja auch dazu.

Meist treffen wir uns am Wochenende. In seiner oder in meiner Wohnung. Dann hab' ich tagsüber schon Angst davor, daß wir am Abend miteinander schlafen. Ich tue es ja freiwillig, weil ich ihn sehr mag. Mein Freund ist ruhig, sehr geduldig und einfühlsam. Auch klug und witzig. Ich könnte ihm stundenlang zuhören. Er ist Gärtner, wir sind beide engagiert bei den Grünen. Ich kann mir gar nicht mehr vorstellen, ohne ihn zu leben.

Aber im Bett ist es die reine Katastrophe. Er läßt mir Zeit, fragt mich, ob er mich streicheln soll. Er tut es mit der Hand oder mit dem Mund oder mit seinem Penis, aber es macht mir keinen Spaß. Ich liege da und denke, wann es denn vorbei sein werde. Wenn ich sein Gesicht sehe, dann tut er mir leid, ich fühle mich schlecht, ich fühle mich schuldig. Und manchmal tut es auch physisch weh, wenn er in mich eindringt. Dann hören wir auf und sind beide enttäuscht. Ich streichle ihn dann mit der Hand, damit wenigstens er kommen kann und ich Ruhe habe.

Ich muß mich halt damit abfinden, daß ich frigid bin. Aber mein Freund glaubt, daß es sich bald ändern wird, daß ich irgendwann auch Spaß daran haben werde. Vorstellen kann ich es mir nicht.«

Sigbert, 31, Berufsschullehrer, verheiratet, 2 Kinder

»Nur einmal ein guter Liebhaber sein«

»Sexualität war für mich von Anfang an ein Problem. Im Elternhaus war das Thema tabu. Völlig. Ich war ein Einzelkind, viel mir selbst überlassen, da meine Eltern beide ganztags arbeiteten. Mein Vater hatte eine Bäckerei, meine Mutter verkaufte im Geschäft. Ich sollte etwas Besseres werden, sagte meine Mutter, mein Vater schimpfte darüber. Er wollte, daß ich unser Geschäft einmal übernehme. Ich hatte aber nicht die geringste Lust, um halb drei am Morgen aufzustehen und den Tag in einer dumpfigen Backstube zu verbringen. Meine Mutter setzte durch, daß ich studieren konnte.

Ich sah nie besonders gut aus, sie nannten mich in meinem Ort alle ›Semmel‹, weil ich blond und blaß und außerdem halt der Bäckerssohn war. Ich fühlte mich auch wie eine Semmel, wie eine, die noch nicht gebacken ist. Natürlich hatte ich bei Mädchen nicht viele Chancen. Als ich dann studierte, fand sich doch die eine oder andere, die sich mal von mir einladen ließ. Ich hatte ein Käfer-Cabrio, das hatte meine Mutter mir zum Abitur geschenkt. Ich konnte mir lässige Klamotten kaufen, meine Mutter steckte mir immer Geld zu, heimlich, wenn ich daheim zu Besuch war. Also kam ich bei einigen Mädchen doch an, aber im Bett war ich solch eine Pleite, daß ich mich bald an keine Frau mehr herantraute. Ich leide unter vorzeitigem Samenerguß, ich komme schon nach knapp einer Minute. Da sind die Mädchen mit Recht frustriert, ich bin es ja auch. Vor lauter Angst, daß es wieder sofort losgeht, hab' ich schon gar keinen Spaß mehr am Sex gehabt, hab' es über Schmusen nicht hinausgehen lassen.

In den Semesterferien war ich mal wieder zu Hause, half meinem Vater in der Bäckerei. Ihm geht es gesundheitlich nicht so gut, seit er es mit der Bandscheibe zu tun hat. Im Geschäft war eine neue Verkäuferin, da meine Mutter auch keine Lust mehr hatte, den ganzen Tag hinter der Theke zu stehen.

Dieses Mädchen gefiel mir sofort. Sie hatte einen lustigen blonden Pferdeschwanz, war ziemlich groß und hatte eine optimistische Ausstrahlung. Und sie zog mich sofort sexuell stark an. Seit langem spürte ich wieder einmal richtige Lust, und die Lust war stärker als meine Angst. Sigrid, so hieß die Verkäuferin, ging sofort auf mein Werben ein. Zuerst war sie erstaunt, daß der Sohn ihrer Arbeitgeber sich für sie interessierte, doch dann war es ihr mehr als recht. Gleich in der ersten Woche fuhren wir in den Nachbarort in die Disco. Sigrid hatte ihr Haar nicht hochgebunden, es fiel lose bis auf die Schultern herunter, war unglaublich üppig und gelockt. Sigrid tanzte auffallend temperamentvoll. Später erzählte sie mir, daß sie abends nach der Berufsschule immer Jazzdance-Unterricht genommen hatte.

Sigrid war in der Disco nicht mehr die Bäckereiverkäuferin. Sie war eine richtige Superfrau, so eine, wie ich sie im Urlaub in St. Tropez gesehen hatte und wie man sie manchmal auch an der Uni zu sehen bekommt. Ich hab' mich sofort in Sigrid verknallt. Aber richtig. Ich wollte sie nicht verlieren. Als wir heimfuhren, lud sie mich in ihr Apartment ein. Das lag in einem Haus, das meinen Eltern gehörte, aber wir hätten dort ungesehen hingehen können. Ich lehnte ab, ich wollte nicht mit Sigrid schlafen. Ich hatte Angst, zu versagen und sie dann zu verlieren. Daher küßten wir uns nur wie wild zum Abschied, immerhin kriegte ich das noch fertig. Ich begehrte Sigrid auch wie ein Depp, aber ich wollte kein Risiko eingehen.

Wir gingen nun regelmäßig miteinander aus. Meiner Mutter war es anfangs überhaupt nicht recht. ›Eine Verkäuferin‹, sagte sie abschätzig. Wo ich doch Akademiker sei, den Doktor machen wolle. Mein Vater beglückwünschte mich. Ihm gefiel Sigrid. ›Wenn du sie nicht nimmst, nehm' ich sie‹, sagte er, und das ärgerte meine Mutter noch mehr.

Nach den Semesterferien fuhr ich nun jedes Wochenende heim – Sigrids wegen. Oder sie setzte sich in den Zug und kam zu mir. Ich kaufte ihr witzige Klamotten, traf mich mit Kommilitonen, um Sigrid vorzuführen. Ich hatte Erfolg mit ihr, alle fanden sie super. Doch mit der Zeit wurde Sigrid unzufrieden. Sie wollte wissen, wann wir denn nun endlich miteinander schlafen würden. Sie habe das Herumschmusen satt und wolle nicht nur angemacht werden, sagte sie. Schließlich eröffnete ich ihr, daß ich mich fürchtete. Ich sagte ihr ganz einfach die Wahrheit und war dann ungeheuer erleichtert. Sigrid reagierte überraschend sachlich.

›Das wollen wir doch erst mal sehen‹, sagte sie, und am Abend schliefen wir zusammen.

Vor lauter Aufregung ging es natürlich wieder gleich los mit mir. Immerhin ergoß sich alles in Sigrid, und sie sagte, daß es ihr nicht im geringsten etwas ausmache. Wir schliefen an diesem Wochenende noch oft zusammen, und ich schaffte es einmal, für längere Zeit die Ejakulation hinauszuzögern. Ich war selig, ich dachte, daß ich mit Sigrid vielleicht meine Ängste verlieren und endlich eine normale Sexualität erleben könnte.

Sigrid schlug mir vor, so schnell wie möglich zu heiraten. Ich wollte das auch, es schien mir ein Beweis, daß Sigrid mich wirklich wollte, so wie ich nun einmal war.

Murrend, dann aber doch wieder fürsorglich, half uns meine Mutter, eine Wohnung zu finden. Wir richteten sie mit den Möbeln ein, die noch von meinen Großeltern vorhanden waren. Meine Mutter stiftete Teppiche und Gardinen, es wurde wirklich ein hübsches Domizil. Sigrid verkaufte jetzt nicht mehr in der Bäckerei, sie zog zu mir und wir heirateten, denn Sigrid war schwanger.

Ich weiß heute nicht mehr, wie lange es eigentlich wirklich gutging mit uns. Die Aufregung, Vater zu werden, mein Studium, alles das hat mich wohl sehr beschäftigt. Jedenfalls fühlte ich mich gut. Sigrid dagegen hatte oft Stimmungen, in denen sie unleidlich war, keine Zärtlichkeiten von mir wollte. Ich schob es auf die Schwangerschaft, ließ sie in Ruhe.

Erst viel zu spät merkte ich, daß Sigrid mich betrog. Unser Sohn war da, ich hatte meine Examen gut bestanden, ich glaubte, alles sei nun wieder so wie am Anfang der Ehe. Aber Sigrid wurde immer feindseliger. Sie kümmerte sich um das Kind, das war aber auch alles. Sie kochte nichts, die Wohnung wurde immer unordentlicher. Mit meiner Mutter bekam Sigrid Streit, sie warf sie aus der Wohnung. Ich wollte vermitteln, aber beide Frauen ließen nicht mit sich reden. Es war alles sehr unerquicklich. Vor allem, weil ich keine Anstellung fand. Das Geld wurde knapp, ich jobbte beim Messebau und bei Gebäudereinigungsfirmen. Sigrid wurde immer unzufriedener. Sie hatte geglaubt, in eine reiche Familie hineinzuheiraten. Aber meine Eltern gaben uns kein Geld mehr, auch mein Vater mochte meine Frau nicht mehr, weil sie auch zu ihm patzig und arrogant war. Seit Sigrid das Kind hatte, verhielt sie sich so, als müßten alle Leute auf sie Rücksicht nehmen, ihr helfen, ihr alle Last und Verantwortung abnehmen. Am meisten ich, aber auch meine Eltern sollten helfen. Zumindest sollten sie zahlen. Sigrid sagte immer: ›Eltern haben zu zahlen und im übrigen den Mund zu halten.‹

Wir verstanden uns immer weniger. Und als ich hörte, daß Sigrid sich regelmäßig mit einem früheren Kommilitonen traf, stellte ich sie zur Rede. Zuerst leugnete sie, dann aber gab sie es zu. Sie schlief regelmäßig mit dem anderen, er kam in die Wohnung, wenn ich zur Arbeit ging. Natürlich war ich verletzt, ich schrie Sigrid an, wir stritten uns, ich warf ihr vor, daß sie in mir nur eine Chance zum Aufsteigen gesehen hätte und so. Darüber war sie so maßlos sauer, daß sie mich anschrie, daß ich im Bett ein Versager sein, daß sie es nur mit mir gemacht hätte, um rauszukommen aus dem Beruf. Sie schrie, daß ich sexuell eine Null sei, eine Niete. Daß es ihr noch nie gefallen habe mit mir. Und ich könnte es jetzt ruhig wissen, sie habe mich schon immer betrogen. Von Anfang an. Und ob das Kind von mir sei, das solle ich nur ja nicht so sicher glauben, sie wisse es jedenfalls nicht.

Heute weiß ich nicht mehr, was ich damals gemacht oder gedacht habe. Vielleicht nichts. Da ist ein Loch. Ich bin irgendwie rumgelaufen. Ich war Sigrid nicht böse, ich war dem anderen nicht böse, ich fühlte gar nichts. Nur ich selbst, ich war wieder zutiefst davon überzeugt, daß ich ein Versager war, daß ich Sigrid ja nichts bieten konnte. Ich war ja kein Mann. Ich war wieder die Semmel. Irgendwo in der Stadt, es war gar nicht so weit weg von unserer Wohnung, bin ich in eine Pension gegangen. Ich habe dort zwei Tage verbracht, ich wußte nicht, wohin mit mir. Zu meinen Eltern wollte ich keinesfalls. Mein Vater nannte mich nur noch Pantoffelheld, weil er fand, daß ich mir von meiner Frau viel zu viel gefallen lasse. Meine Mutter würde ohnehin nur über Sigrid schimpfen, das wollte ich mir schon gar nicht anhören.

Fix und fertig war ich. Am meisten dachte ich an das Kind. Vielleicht war es gar nicht mein Kind. Komisch, der Gedanke macht mir nicht einmal Fremdheitsgefühle dem Kind gegenüber. Ich hatte Sehnsucht nach dem Jungen, nach seinem kleinen weichen Körper, nach seinem Lächeln, wenn ich ihn hochnahm. Es hatte mir auch nie etwas ausgemacht, ihn nachts rumzutragen, wenn er nicht schlafen konnte. Sigrid reagierte da richtig gereizt. Sie liebte den Kleinen zwar abgöttisch, aber wenn sie nicht schlafen konnte seinetwegen, dann rastete sie auch schon mal aus. Einmal hat sie ihn sogar geschlagen, als er sich nicht beruhigen ließ, den Schnuller nicht wollte, die neue Windel nichts half und so. Da hat sie ihn angebrüllt und hat ihm richtige Klapse auf den Hintern gegeben. Da schrie er nur noch mehr. Ich hab' ihn dann wieder rumgeschleppt. Und dann war er ruhig.

Vielleicht bin ich ja wirklich kein richtiger Mann. Ich kann noch nicht einmal richtig ausflippen, wenn ich erfahre, daß meine Frau fremdgeht. Daß mein Kind vielleicht nicht von mir ist. Ich bin so. Ich denke, ich hab' es nicht besser verdient.

Ja, und dann bin ich doch heimgegangen. Ich dachte schon, daß Sigrid mit dem Kind weggegangen sei, daß die Wohnung leer sein würde. Aber sie waren da. Es war alles wie immer. Nur Sigrid war anders. Sie schrie richtig hysterisch, als ich kam, aber vor Freude. Sie hat geheult und hat mich geküßt und gestreichelt, ich begriff es nicht. Sie hatte sich wahnsinnige Sorgen gemacht, daß ich mir was antun könnte. Sie hatte gar nicht gewußt, wem sie sich anvertrauen sollte, sie wollte schon zur Polizei gehen.

Für einige Zeit hatten wir es wieder schön. Sigrid hat mit dem anderen Mann Schluß gemacht, wir haben uns wieder aufeinander konzentriert, es wieder miteinander versucht. Sigrid hat sich wirklich Mühe gegeben, das muß ich sagen. Aber bei mir war etwas abgelaufen, was wohl nicht zu reparieren ist. Ich habe mich noch mehr kontrolliert, ich hatte schon keine Lust mehr, mit Sigrid zu schlafen, obwohl ich mich nach ihr sehnte. Aber jedesmal, wenn wir es versuchten, war ich so gespannt und kontrolliert, daß es sofort losging bei mir.

Das Schwierigste war, ich glaubte Sigrid nicht mehr, daß sie es trotzdem schön fand, mit mir zu schlafen. Dieser Riesenstreit damals hat mich doch offenbar tiefer getroffen, als ich es wahrhaben will. Und ich beobachte Sigrid ständig, lauere, ob sie nicht wieder fremdgeht. Dann wurde Sigrid wieder schwanger, wir freuten uns beide. Diesmal, sagte Sigrid, wisse sie, daß ich der Vater sei. Sie wolle auch keinen anderen Mann mehr.

Auch in Sigrid hat unser Streit und meine lange Abwesenheit von daheim etwas verändert. Sie will jetzt wirklich eine gute Frau sein, macht den Haushalt, ist sanfter mit dem Kind und viel liebevoller mit mir.

Bei der Taufe unseres zweiten Kindes kamen auch meine Eltern wieder zu uns. Wir haben uns wieder ausgesöhnt,

Sigrid hat sich bei meiner Mutter entschuldigt. Darüber bin ich froh. Unser zweites Kind, wieder ein Junge, ist ein ruhiges, stilles Kind, das sehr viel schläft und uns wenig Mühe macht. Von außen gesehen ist bei uns alles in Ordnung. Ich habe eine Stelle an einer großen Berufsschule, unterrichte Englisch und Sozialkunde. Die Kinder entwickeln sich gut, der Große kommt immer mehr auf meinen Vater heraus, er ist also doch mein Sohn. Aber in unserem Sexualleben stimmt es nach wie vor nicht. Sigrid hat sich scheinbar damit abgefunden, sie ist viel ruhiger geworden nach dem zweiten Kind, sie tröstet mich und sagte, daß sie trotzdem mit unserem Leben zufrieden sei und nichts anderes wolle als mich und die Kinder. Ich kann das nicht glauben. Sigrid ist durch die Kinder noch attraktiver geworden. Etwas fülliger als früher, weicher. Sie ist wirklich schön, und das sehe nicht nur ich. Wenn wir mit den Kindern im Biergarten sind, schauen die Leute nach meiner Frau und den hübschen Kindern. Männer sehen mich manchmal neidisch an. Aber ich bin nicht zu beneiden. Ich habe Angst, daß Sigrid wieder jemanden trifft, der sie sexuell anmacht, daß die jetzige Ruhe nur trügerisch ist, Ruhe vor dem Sturm. Ich habe mich schon an einen Sexualtherapeuten gewandt, er hat gesagt, er kann nur etwas tun, wenn meine Frau mitkommt. Irgendwann werde ich es Sigrid vorschlagen. Ich möchte so gern ein guter Liebhaber sein. Oder wenigstens ein einigermaßen guter.«

Anette, 39, Sekretärin, lebt alleine, 2 Töchter

»Natürlich spiel' ich einen Orgasmus vor«

»Sexualität war für mich immer sehr wichtig und ist es heute noch. Ich habe relativ viele Freunde gehabt in meinem

Leben. Der Mann, der mir gefällt und mit dem ich ins Bett gehen möchte, muß sehr gut aussehen, etwas Besonderes sein − egal, in welcher Hinsicht. Und er muß so viel Kraft haben, daß ich mir sag', mit dem kann es nur gutgehen. Ein Softy wäre nichts für mich.

Für Sex muß ich nicht unbedingt wirklich jemanden lieben. Wenn ich zum Beispiel im Moment nicht wirklich verliebt wäre − ich bin es gerade seit einer Woche wieder −, könnte ich auch mit jemanden schlafen, den ich nur auf dieser Ebene treffen will. Also ohne große Liebesschwüre und Herzklopfen. Ich hatte immer mal wieder Geschichten mit Männern, wo zwar durchaus Sympathie mit im Spiel war, aber keine Liebe, nicht einmal richtig ein Verliebtsein. Spaß hat es mir trotzdem gemacht. Man hat sich nur getroffen, um miteinander zu schlafen.

Bis vor kurzem war ich gut zwei Jahre lang mit einem Mann zusammen, das war so ein Superliebhaber, ich hätte gar nicht darauf verzichten wollen. Auch wenn er mich nun nicht so richtig von Herzen liebte und ich ihn auch nicht. Es war sehr pikant, sehr aufregend. Mehr wollten wir nicht voneinander. Wir haben lange Zeit im Bett noch Sie zueinander gesagt.

Solche Verhältnisse habe ich in den letzten Jahren eigentlich immer wieder gehabt. Wir konnten sonst gar nicht viel miteinander anfangen, haben im allgemeinen Leben keine großen Ansprüche aneinander gestellt. In puncto Sexualität allerdings waren wir sehr anspruchsvoll. Das war auch bei meinem letzten Freund so. Der hat mit seiner Freundin zusammengewohnt. Das hat mir eigentlich kaum etwas ausgemacht. Jedenfalls nicht seelisch. Es hat mich allenfalls gestört, daß wir nicht so spontan miteinander schlafen konnten, weil sie halt so oft da war. Und bei mir ging es ja auch nicht immer. Meine beiden Töchter, 20 und 21 Jahre alt, wohnen zur Zeit bei mir. Das erschwert die Sache natürlich. Aber, wie gesagt, vom Gefühl her hat es mir nicht viel ausgemacht, daß er jemand anderen hatte. Das konnte ich schon ganz gut verkraften, daß da sonst nicht groß was war zwischen uns. Einfach der sexuelle Reiz war da. Irgendwann hat es mich doch genervt, dieses ewige ›Geht es heute oder geht es heute nicht‹, und dann hab' ich es beendet. Ich mach' so was nur, wenn ich meine, es tut mir gut. Aber wenn ich zu viele Kompromisse eingehen muß, kann ich darauf verzichten. Ich muß es nicht haben.

Das klingt jetzt so, als würde mir doch nicht so viel liegen an der Sexualität. Das stimmt nicht. Ich kann es vielleicht deshalb leicht sagen, weil ich einige Männer kenne, die mich faszinieren und die auch irgendwo im Hintergrund sind. Also wenn es sein müßte, hätte ich nie einen Leerlauf.

Früher hab' ich immer länger anhaltende, wohl auch tiefere Beziehungen gehabt. Ich bin zwar nicht mit jemandem zusammengezogen, aber man hat doch fast alles zusammen gemacht. Ich hatte und habe noch immer ein großes Bedürfnis nach Selbständigkeit. Wenn ich allein an das Wohnungsproblem denke, mit zwei Kindern und dann auch noch ein Mann, der mich nervt und selber soll es mir auch noch gut gehen – nein danke. Das kommt für mich nicht in Frage. In den letzten Jahren waren meine Freunde auch immer viel jünger als ich.

Mit dem Vater meiner Kinder war ich sieben Jahre zusammen, und damals wollte ich ihn eigentlich auch heiraten. Da war er noch in Amerika verheiratet, und die Scheidung zog sich endlos hin. Als die Papiere endlich da waren, nach diesem Nervenkrieg und Hin und Her, da dachte ich, jetzt brauche ich das auch nicht mehr. Er hat das gar nicht verstanden. Erst das ganze Theater, und dann mache ich einen Rückzieher. Es hat mich auch wahnsinnig gestört, den Namen des Mannes anzunehmen. Aber letztlich war das nur eine Ausrede vor mir selber.

Sex mache ich einfach, weil es mir Spaß macht. Ich stehe da eigentlich für mich selber an erster Stelle. Und wenn ein Mann nicht voll auf mich eingeht, breche ich die Verbindung ab. Ich kann das von vornherein eigentlich ganz gut abschätzen: kommt das für mich in Frage oder nicht.

Ich muß ganz ehrlich sagen: Ich hab' ganz, ganz selten einen Orgasmus. Ich weiß gar nicht mehr, wann ich zum letzten Mal einen hatte. Für mich ist das irgendwie nicht so wichtig, obwohl doch Sexualität für mich so wichtig ist. Aber die besteht für mich nicht vorwiegend aus dem Orgasmus. Ich steh' nicht hinterher auf und sag', es war nicht schön oder ich bin nicht zufrieden, bloß weil ich jetzt keinen Orgasmus gehabt habe. Ich setze mich damit nicht unter Druck. Und den Partner auch nicht. Aber ich spiele natürlich einen Orgasmus vor. Ich tu' dann schon immer so, als hätte ich einen. Und das nehmen mir die Männer auch immer ab. Für mich selber ist es wichtiger, daß alles Spaß macht, von der Stimulierung, von der Atmosphäre her. Das befriedigt mich auch irgendwie. Wenn ich begehrt werde, wenn ich merke, ich bin gut. Sicher, manchmal vielleicht hab' ich schon das Gefühl, es fehlt etwas. Daß ich zum Beispiel total überreizt bin und denk', jetzt tust du einfach so, als hättest du einen Orgasmus, weil es mir dann einfach zu viel wird, immer und immer weiterzumachen. Das geht mir in letzter Zeit öfters so. Das höre ich auch von ziemlich vielen anderen Frauen, die das genauso handhaben.

Warum wir das tun, kann man einem Mann gar nicht richtig erklären, das führt doch zu nichts. Da sagen die Männer doch bloß, was ist denn mit dir los, ich hab' doch alles gemacht. Ich hab' das einfach satt, jedesmal herumdiskutieren zu müssen, ob ich nun gekommen bin oder nicht. Das wird alles zu einem Problem hochstilisiert. Es springt einem ja auch überall und immerzu ins Auge, ob nun in Zeitschriften oder in Büchern oder sonstwo: Orgasmus ist das A und O. Auf jeden Fall für die Männer. Und für die Frauen neuerdings ja auch. Damit möchte ich mich nicht unbedingt bei jedem Beischlaf auseinandersetzen. Das müßte ich vielleicht, wenn es mir ohne Orgasmus keinen Spaß machen würde. Aber so ist es ja nicht. Ich finde es auch ohne ihn unheimlich aufregend und lustvoll.

Ich befriedige mich eigentlich nie selber. Das langweilt mich total. Ich hab' es schon probiert. Ich hab' auch einen Vibrator, aber es bringt mir wirklich nichts. Ich möchte, daß es jemand anderes für mich tut. Daß ich mich gehenlassen und genießen kann. Und nicht noch selber dafür sorgen muß. Das reizt mich nicht, ich brauche den Mann dazu. Aber vielleicht befriedige ich mich auch deshalb nicht selber, weil ich letztlich auf Sex verzichten kann, wenn mich halt gerade kein Mann besonders fasziniert. Manchmal hab' ich zwar schon das Gefühl, jetzt könntest du das gerade brauchen, zwar nicht so dringlich wie Essen und Trinken, aber es wäre schon schön. Aber ich würde nun niemanden extra anrufen, nur daß ich das haben könnte. Bei mir muß sich der Mann um mich bemühen und nicht umgekehrt.

Der ideale Liebhaber für mich muß zärtlich, aber auch fordernd sein. Die Selbstverständlichkeit haben, mich ein bißchen zu überrumpeln. Im Moment kenne ich jemanden, der das ungefähre Gegenteil davon ist. Aber er reizt mich trotzdem. Ich bin neugierig, was daraus wird. Für mich muß ein Mann auch stark sein. Nicht so, daß ich das Gefühl hab', der überlegt sich pausenlos, ob er jetzt dies oder jenes machen darf oder ob er es lieber doch nicht riskiert. Ich will schon, daß er mich erobert. Auch wenn ich es vielleicht sel-

68

ber sehr geschickt eingefädelt habe. Aber richtig in die Wege leiten soll er es.

Ich bin so ziemlich allen Sexpraktiken gegenüber aufgeschlossen. Aber Analverkehr kommt für mich nicht in Frage. Das ist eigentlich das einzige, was ich rundum ablehne. Sonst finde ich eigentlich alles in Ordnung, es kommt auf die Situation an, auf die Stimulation, wie weit man nun gerade geht oder nicht. Das ist für mich von Fall zu Fall schon recht verschieden. Es gibt Situationen, da finde ich es total aufregend, wenn man sich gegenseitig mit der Hand oder mit dem Mund befriedigt, an anderen Tagen mag ich mit einem Mann einfach richtig schlafen, seinen Penis in mir drin haben und gar keine großen Spielereien drumherum. Grundsätzlich mag ich Quickies nicht. Aber ich kann schon auch mal einen Quickie einlegen, wenn ich mit dem Mann schon sehr vertraut bin und wir einfach zu mehr keine Zeit haben. Wenn ich jemanden nur einmal in der Woche sehe, würde das für mich nicht in Frage kommen. Da will ich das dann schon genießen. Angst vor Aids hab' ich bei meinen doch häufiger wechselnden Männerbekanntschaften schon auch. Am Anfang schlafe ich immer nur mit Kondom, das würde ich nicht anders machen. Ich hab' auch schon zwei Aidstests machen lassen. Ich hab' allerdings schon sehr unterschiedliche Reaktionen der Männer darauf erlebt, daß ich sag': Ich kenne dich nicht, ich mache es nicht ohne Kondom. Die jungen Männer, für die ist es fast immer ganz selbstverständlich, ein Kondom zu benutzen. Die haben es auch selber dabei. Männer in meinem Alter — oder noch ältere — sagen, manchmal richtig beleidigt, du spinnst doch, ich bin doch nicht schwul, das brauch' ich doch nicht. Die älteren Männern beziehen das sofort auf sich. Und die sind, jedenfalls nach meiner Erfahrung, auch viel weniger fürsorglich, was die Folgen des Liebemachens betrifft.

Ich hatte letztes Jahr einen Freund, der war erst Mitte Zwanzig. Der fragte gleich, kannst du schwanger werden, nimmst du die Pille oder muß ich aufpassen. Das bin ich von einem 40jährigen nicht gewöhnt, der fragt da gar nicht danach, der verläßt sich einfach auf mich. Klar ist es meine Sache, das finde ich schon auch, bei meinem Drang nach Eigenständigkeit und so. Aber es ist doch auch schön für einen, wenn der andere auch daran denkt.

Was Sexualität angeht, also da habe ich selber von zu Hause überhaupt nichts vermittelt bekommen. Das war bei uns kein Thema. Ich hab' irgendwann mit 14 ein Buch in die Hand gedrückt bekommen: So, jetzt liest du das und dann ist das erledigt.

Ich bin bei meinem Vater und meiner Stiefmutter aufgewachsen. Die war ziemlich zurückhaltend und kühl. Ich wäre nie auf den Gedanken gekommen, sie irgend etwas zu fragen, was Gefühle oder gar Sexualität betrifft. Wir haben in einer kleinen Stadt gewohnt. Mit den Nachbarskindern, Buben und Mädchen, haben wir schon zusammen so unsere kleinen verbotenen Spielchen gemacht, im Gerätehaus vom Schrebergarten oder hinter den Stoffballen im Lager, einer der Väter hatte ein Textilgeschäft. Aber geredet habe ich da nie mit jemandem drüber. Die anderen, glaube ich, auch nicht. Nicht auszudenken, was passiert wäre, wenn uns einer erwischt hätte. Wir hatten auch immer Angst dabei. Aber es war eine total aufregende Sache, gerade weil es so heimlich und verboten war.

Als meine eigenen Töchter größer wurden, wollte ich natürlich mit ihnen über Sexualität sprechen. Ich wollte es einfach besser machen als meine Stiefmutter oder mein Vater. Aber die beiden haben total abgeblockt. Die haben gesagt, es sei ganz überflüssig, daß ich mit ihnen über dieses Thema rede. Sie wüßten sowieso schon alles und außerdem würden sie solche ›Primitivlinge‹ nicht kennen, die gleich ins Bett mit ihnen wollten. Peng, Jalousie runter, nichts weiter. Ich fand das absurd. Ich hab' darunter gelitten, früher, daß keiner mit mir reden wollte. Jetzt hab' ich wieder darunter gelitten − auf der anderen Seite. Jetzt wollte die Mutter reden und die Kinder nicht. Ich hab's immer wieder versucht. Irgendwann sind sie dann ganz feindselig geworden und haben ganz bissig gesagt: Gibt es für dich eigentlich auch noch ein anderes Gesprächsthema außer Sex? Sie wollten einfach nichts davon hören.

Das finde ich wahnsinnig schade. Wie hätte ich mir, als junges Mädchen, gewünscht, daß mit mir darüber geredet worden wäre. Für mich war das schon schlimm, daß der Bereich Sexualität bei uns daheim so tabu war. Mein Gott, allein das Wort Orgasmus hätte mein Vater oder meine Stiefmutter nie über die Lippen gebracht. Ich weiß nicht, warum meine Kinder jetzt genauso verklemmt sind. Vielleicht sind sie auch nur einfach eifersüchtig und wollen deshalb von dem Thema nichts wissen. Natürlich bekommen sie mit, daß ich immer mal wieder einen Liebhaber habe. Ich habe jedesmal versucht, es ihnen begreiflich zu machen, sie irgendwo in diese Freundschaften einzubeziehen. Sie haben sich immer zurückgezogen. Verstecken wollte ich meine Freunde nicht. Das hätte ich beschämend gefunden. Schließlich bin ich doch noch keine Frau jenseits von allem. Ich bin gerade 39 Jahre alt.

Der Vater meiner Kinder war zehn Jahre älter als ich. Der war wahnsinnig frei, von der Erziehung und von seinen Ansichten her. Er hat mir alles beigebracht. Er war der erste Mann in meinem Leben, ich war gerade 17, als ich ihn kennenlernte. Ich vergleiche auch heute noch alle Männer, die danach gekommen sind, mit ihm, auch wenn ich ihn letztlich nicht heiraten wollte. Wir wollten schon ein Kind haben. Aber das zweite, das war dann unplanmäßig.

Der erste Mann prägt wahrscheinlich immer. Wenn der jetzt verklemmt gewesen wäre, wäre ich das wahrscheinlich heute noch. Es war schon sehr positiv mit ihm. Ich hatte damals zwar keine Vergleichsmöglichkeiten, aber heute schon. Danach war es für die meisten Männer etwas schwierig. Ich bin immer davon ausgegangen: wie gut ist der oder der im Vergleich zu ihm. Ich kann, wenn mich die Sache langweilt, dann auch schnell Schluß machen. Kummer deshalb habe ich in den letzten Jahren eigentlich nicht gehabt. Wahrscheinlich, weil ich immer diejenige war, die Schluß gemacht hat. Ich bin nie verlassen worden.

Natürlich habe ich auch mit Männern geschlafen, wenn ich eigentlich gar kein Bedürfnis danach hatte. Das war dann so eher aus Sympathie. Da hab' ich mir gedacht, mir geht's sonst so gut mit dem, schlaf' ich halt auch mit ihm. Irgendwann bin ich dann aber so genervt, weil ich es nur mache, um ihm einen Gefallen zu tun, daß ich es nicht länger mehr schaffe. Dann sag' ich halt: Es ist vorbei. So verliebt war ich die letzten paar Jahre eigentlich nie, daß ich, wenn es auseinandergegangen ist, richtig gelitten hätte.

Ich bin jetzt gerade seit einer Woche neu verliebt, seit zehn Jahren wieder richtig mit Herzklopfen und so. Da denk' ich dann schon, wenn das nicht wäre, wäre es im Moment fad. Ich war jetzt mindestens zwei Monate mit keinem Mann mehr zusammen. Bis jetzt hab' ich es noch nicht einmal so richtig vermißt. Aber jetzt ist es doch irgendwie schön, das ist so ein Gefühl, ehrlich, das kannte ich schon lange nicht mehr. Ich hätte nicht gedacht, daß mir so was noch passiert. Bis jetzt hat er allenfalls einmal den Arm um mich gelegt, mehr nicht. Am liebsten möchte ich ihn auf der Stelle verführen. Er könnte ja fast mein Sohn sein, er ist nur vier und fünf Jahre älter als meine Töchter. Aber das macht mir nichts aus. Ihm anscheinend auch nicht.

Es ist gut, daß er noch mehr verliebt ist in mich als ich in ihn. Das halte ich grundsätzlich für gut, daß ich die Oberhand hab'. Ich finde, ein Mann kann ruhig mehr verliebt sein in die Frau als die Frau in ihn, weil Männer von Haus aus weniger tun, sich weniger für eine Beziehung anstrengen. Wenn sie merken, die Frau ist verliebter, werden sie noch träger.«

Joachim, 28, Installateur, verheiratet, 1 Kind

»Selber schuld«

»Ich habe mich wie ein Idiot benommen. Oder wie ein Schwein. Und jetzt bekomme ich die Quittung. Aber ich will von vorn anfangen: Mit zwanzig habe ich geheiratet, meine Jugendliebe Chris, mit der ich vier Jahre zusammen war. Chris war zwei Jahre älter als ich. Wir hatten uns wahnsinnig ineinander verliebt, so, wie man das nur kann, wenn es das erste Mal ist. Ich war sechzehn, sah aber älter aus, ich bin 1,92 groß und kräftig, alle schätzten mich älter, als ich war. Auch Chris. Sie war achtzehn, als wir uns kennenlernten, glaubte, daß ich um die zwanzig sein müsse, und ich klärte sie nicht auf. Es schmeichelte mir, daß diese tolle Frau auf mich abfuhr, daß sie mich wollte. Sie war nicht das erste Mädchen, mit dem ich schlief, aber mit Chris war es so super wie noch mit keiner. Gott, war ich stolz und glücklich und verliebt. Am liebsten hätte ich sofort geheiratet, aber Chris lachte nur, ihr war nicht nach Heiraten, sie nahm Gesangsunterricht, sang in einer Amateurband. Sie hätte jeden haben können, jeden. Aber sie wollte mich, sie stand zu mir, auch als sie erfuhr, daß ich sechzehn war und gerade mal die mittlere Reife hatte und auf die Fachoberschule wollte. Das fand sie gut, sie selbst hatte eine Handelsschule besucht und überlegte immer, ob sie nicht das Abitur nachholen sollte.

Schließlich heirateten wir doch, denn Chris war schwanger. Als sie im vierten Monat war, hatte sie jedoch eine Fehlgeburt, das kam durch eine Infektion. Es war mysteriös, wir waren maßlos traurig, Chris und ich. Alle anderen sagten, daß wir froh sein sollten, ich besonders, mit zwanzig ein Kind, das sei doch Schwachsinn. Aber wir waren traurig, kapselten uns lange Zeit ab. Chris hatte nicht soviel Spaß am Sex, ich konnte das verstehen. Aber mit der Zeit vergaßen wir alles, es wurde wieder so schön wie früher, und Chris wurde wieder schwanger. Diesmal ging alles gut, wir bekamen unsere Tochter, waren überglücklich. Ich arbeitete im Geschäft meines Vaters, entlastete ihn, und er war sehr froh, daß mir die Arbeit wichtig war. Er machte mich zum Teilhaber, ich verdiente also genug für meine Familie. Wir hatten eine Wohnung im Haus meiner Eltern, und meine Mutter hütete immer die Kleine, wenn wir ausgehen wollten. Chris wollte so schnell wie möglich ein zweites Kind, und sie wurde auch bald wieder schwanger.

Bei dem Bankinstitut, bei dem unsere Firma ihre Konten hatte, war eine junge Frau am Schalter, die ich bisher noch nie dort gesehen hatte. Sie schaute mich immer intensiv an, wenn ich kam, redete mit mir über den neuesten Film, über ein Musical, das sie gesehen hatte, kurz, sie verwickelte mich immer in interessante Gespräche. Zeigte mir, daß sie an mir interessiert war. Anfangs irritierte mich das, schließlich trug ich für alle ersichtlich einen Ring am Finger, und meine Frau war bei der Bank durchaus bekannt. Doch Iris, so hieß das Mädchen, schien das völlig zu ignorieren. Sie rief mich auch im Büro an, einfach, um mir einen guten Tag zu wünschen. Oder um mir irgend etwas mitzuteilen, was ihr gerade eingefallen war. Iris war äußerst spontan, dabei selbstbewußt und scheinbar völlig unbefangen. Es begann mich zu interessieren, was sie eigentlich von mir wollte.

Als ich zum erstenmal bei ihr in der Wohnung einen Kaffee trank, wußte ich es. Sie wollte mich. Sie umwarb mich derart heftig, sehnsüchtig, gierig, wie ich es der kühl wirkenden jungen Frau niemals zugetraut hatte. Was soll ich sagen, es ist ja so banal, aber es ist mir passiert: Ich verliebte mich in Iris, obwohl ich mit meiner Frau wirklich glücklich war. Sicher waren Chris und ich im Laufe der zehn Jahre, die wir nun zusammen waren, etwas ruhiger geworden. Wir schliefen auch nicht mehr so oft zusammen, wie das am Anfang unserer Beziehung war. Wir hatten ja auch das Kind, und jetzt war Chris wieder schwanger, da ist die Familie wichtiger als die Sexualität.

Ich hatte furchtbare Schuldgefühle Chris gegenüber, ich hoffte, daß sie nichts von meinem Doppelleben mitkriegen würde. Doch dafür sorgte Iris. Eines Tages rief sie Chris an und bat um ein Gespräch. Und dann sagte sie Chris alles.

Es war eine scheußliche Situation. Chris war entsetzt, voller Abscheu über meinen Vertrauensbruch. Meine Eltern waren völlig auf der Seite von Chris, mein Vater verbot mir das Haus. Ich zog zu Iris, obwohl ich natürlich auf sie zornig war. Aber ich war ihr auch verfallen. Ihrer Gier, ihrem sexuellen Appetit, ihrer Phantasie und der Kompromißlosigkeit, mit der sie mich wollte. Dachte ich. Bis ich erlebte, daß sie mit derselben Kompromißlosigkeit auch andere Männer begehrte. Aber das kam später.

Chris ließ sich sofort scheiden. Sie wollte mich auch nicht mehr sehen, meine Mutter brachte mir ab und zu mal die Kleine. Sie konnte mich zwar nicht verstehen, liebte mich aber trotzdem, ich war halt doch ihr Sohn. Und die Kleine hing auch an mir, sie freute sich, wenn sie mich sah. Ich hätte jedesmal heulen können.

Chris wurde krank, das Kind wurde tot geboren, ich konnte vor Selbstvorwürfen und vor Reue kaum noch schlafen. Iris drängte auf Heirat, ich willigte ein. Irgendwo mußte ich ja hingehören. Schon wenige Monate nach der Heirat wurde meine Ehe sexuell und auch gefühlsmäßig kühler. Iris hatte zwar im Anfang ungeheure Aktivität entwickelt, sie bekam jedoch nie einen Orgasmus. Mit der Zeit hatte sie immer weniger Lust am Geschlechtsverkehr, sie sagte, daß es ihr weh tue, daß es sie ›fertigmache‹. Von sexuellem Appetit konnte keine Rede mehr sein. Iris wich mir aus, wo sie nur konnte, gab Müdigkeit vor, Kopfweh. Und irgendwann, wir waren noch kein Jahr verheiratet, sagte sie mir, sie habe sich in einen Arbeitskollegen verliebt, sie könne nicht mehr mit mir schlafen, nur noch mit ihm.

Ich machte Iris eine ungeheure Szene. Ich warf ihr vor, daß sie meine Ehe zerstört habe, daß sie mich mit sexuellen Theatervorführungen an sich gezogen habe, daß sie mir etwas vorgespielt habe und so weiter. Iris blieb sehr kühl. Sie ließ sich überhaupt nicht beeindrucken. Was ich denn wolle? Mir sei es doch ebenso ergangen wie ihr jetzt. Ich sei doch auch aus einer guten Ehe weggegangen zu ihr, und jetzt gehe sie eben aus unserer Ehe weg. Das sei doch nichts Verwerfliches, ich könne ihr doch nicht vorwerfen, was ich selbst auch getan hätte. Ich habe sogar ein Kind verlassen, ich sei ja noch skrupelloser vorgegangen als sie, nicht mal die Schwangerschaft von Chris habe mich aufhalten können. Wieso ich ihr jetzt Vorwürfe mache?

Am liebsten hätte ich Iris umgebracht. Aber sie hatte ja recht. An allem Elend war ich selber schuld. Hals über Kopf hatte ich mich in Iris verliebt, hatte gar nicht daran gedacht, welche Katastrophe das für meine schwangere Frau sein mußte. Ich war völlig egoistisch vorgegangen, ohne mir Rechenschaft über mein Handeln abzulegen. Jetzt saß ich da – mit einer Frau, die keine Lust hatte, mit mir zu schlafen. Die bereits einen anderen Kandidaten im Auge hatte. Die sich mit Sicherheit von mir scheiden lassen würde.

Konsequent, wie Iris war, tat sie ganz genau das, was ich vermutet hatte. Sie bat mich um die Scheidung, und ich willigte ein. Ich mochte Iris nicht mehr sehen. Ich fand heraus, daß sie schon in der Vergangenheit des öfteren verheiratete Freunde gehabt hatte. Ihr Arbeitskollege, mit dem sie jetzt liiert war, hatte auch eine junge Frau und zwei noch kleine Kinder. Aber Iris würde es sicher schaffen, daß sich der Mann für sie entschied.

Und ich saß da und fühlte mich wie der letzte Mensch. Wie ein Volltrottel. Mir war nicht klar, wieso ich Iris in die Falle gegangen war. Hatte mich ihre sexuelle Gier derart verwirrt, ihr offensichtlich starkes Interesse an mir? Ich begriff nicht, wie eine Frau sich so verändern kann. Monatelang wie ein sexueller Vulkan und dann, nachdem das Ziel erreicht ist, ein völlig anderes Bild. Eine Frau, die kaum Lust hat am Sex, nie zum Orgasmus kommt, am liebsten jeder Intimität ausweicht. Ich begriff es nicht, begriff mich selber am wenigsten.

Jetzt sitze ich da, in den Trümmern, wie es so schön heißt. Mein Vater spricht zwar wieder mit mir, notgedrungen, weil es aus geschäftlichen Gründen einfach sein muß. Aber er verachtet mich, das weiß ich, auch wenn er es nicht ausspricht. Auch er hat meine Mutter mit sechzehn kennengelernt, auch meine Mutter ist älter als er, vier Jahre sogar, daher hatten meine Eltern auch so viel Verständnis für meine frühe Bindung an Chris. Mein Vater hat nie eine andere Frau gehabt als meine Mutter. Ich glaube, daß die beiden wirklich immer glücklich miteinander waren. Sie leben ja bis heute gut zusammen, sind fröhlich, einer kann sich auf den anderen verlassen. Sie haben mir eine gute Ehe vorgelebt.

Warum habe ich derart versagt? Ich sitze jetzt allein in meiner Wohnung, Iris ist ausgezogen, hat nicht ein Teil mitgenommen. Konsequent ist sie ja immer gewesen. Sie will mit ihrem Kollegen zusammenleben, ganz neu anfangen, sagt sie. Von mir aus. Ich möchte alles vergessen, möchte die ganze Zeit mit Iris auslöschen, möchte zurück zu Chris und zu meinem Kind, zu meinen Eltern. Aber das geht nicht, Chris will mich nicht sehen. Ich verstehe das, ich hoffe aber, daß die Zeit für mich arbeitet. Sexuell bin ich völlig uninteressiert. Wenn ich eine attraktive Frau sehe, läßt mich das völlig kalt. Wahrscheinlich bin ich impotent, ich hab' nicht einmal Lust, es mir selbst zu machen. Vielleicht stehe ich unter Schock. Jedenfalls kann ich mir nicht vorstellen, daß ich mich noch einmal auf eine Frau einlasse.«

Hanni, 32, Sekretärin, geschieden, 2 Kinder

»Vor der Hochzeit vergewaltigt«

»Wenige Wochen vor meiner Hochzeit sagte mir mein Mann, daß er geschieden sei. Ich hatte davon keine Ahnung gehabt, da mein Mann aus einer Stadt kommt, die 600 Kilometer von unserer entfernt ist. Ich bin streng katholisch erzogen, daher war die Neuigkeit schockierend für mich. Genau aus diesem Grund hatte mein Mann das auch verheimlicht. Ich war über seine Lügen so sauer, daß ich mich von ihm trennen wollte. Als ich es ihm sagte, vergewaltigte er mich, obwohl oder weil er wußte, daß ich noch nie mit einem Mann geschlafen hatte. Das alles war ein Alptraum für mich, ich war total stumpf und teilnahmslos. Mein Mann mußte mich richtiggehend zum Standesamt schleppen. Kirchliche Trauung war ja nicht.

Wie meine Ehe aussah, muß ich nicht näher beschreiben. Ich erhole mich langsam davon. Nach vier Jahren Ehe ließ ich mich scheiden, meine beiden Kinder wurden mir zugesprochen, mein Mann war an ihnen auch nicht interessiert.

Nun lebe ich bereits seit sechs Jahren mit meinen Töchtern allein und habe seither nur noch Glück mit den Männern gehabt. Drei feste Beziehungen hatte ich, die letzte besteht jetzt noch. Mein Freund ist rücksichtsvoll, zärtlich, geduldig. Er spürt, daß ich bestimmte Hemmungen habe, und das respektiert er. Ich mag es nicht, wenn meine Klitoris stimuliert wird. Als ich ein Kind war, mußten meine Hände immer auf der Bettdecke liegen, sonst gab es Ärger. Meine Mutter wollte mir sogar die Hände zusammenbinden, wenn ich ›dummes Zeug‹ mache. Ich habe es nicht gemacht, es ist mir bis heute zuwider.

Ich wünsche mir mit meinem Freund einen ›richtigen‹ Orgasmus, und zwar beim Verkehr. Also einen vaginalen Orgasmus. Ich habe mich sehr genau darüber informiert. Habe Masters / Johnson gelesen und den Hite-Report. Ich weiß, daß eine Frau ›kommen‹ kann, wenn sich der Penis in der Scheide bewegt. Und ich habe das sehr gern, es macht mir viel Lust, mit meinem Freund zu schlafen. Aber ich habe eben nie einen Orgasmus. Ich hoffe jedesmal drauf, denn mein Freund ist total lieb, versucht lange in mir zu bleiben, wir versuchen auch alle möglichen Stellungen — doch der Orgasmus kommt nie. Wenn mein Freund dann gekommen ist, wenn er schläft, liege ich da und fühle mich traurig, leer, unweiblich. Ich könnte weinen, weil ich weiß, beim nächstenmal wird es wieder so sein. Ich fühle mich anderen Frauen unterlegen, die mühelos Orgasmen haben.«

»Auf den Orgasmus der Frau fixiert«

»Im Elternhaus gab es keine sexuelle Erziehung. Ich habe sie auf dem freien Markt bekommen. Und zwar verdammt früh. Schon als Sechsjähriger war ich verliebt in eine Zirkustänzerin. Jeden Tag hockte ich in der Vorstellung und sah sie auf dem Seil. Ich wünschte mir brennend, ihre Beine zu streicheln, ihre Schenkel, ihre Brust. Meinem Freund ging es genauso. Ob ich damals schon eine Erektion hatte, weiß ich heute nicht mehr. Aber daß es mich scharf gemacht hat, das weiß ich genau.

Mir gefielen schon immer erwachsene Frauen. Die erste bewußte Geschichte mit Erektion und Fieberträumen hatte ich mit zwölf, dreizehn. Ich weiß es noch genau: Das Mädchen war siebzehn, sehr unternehmungslustig, sie hatte schon Erfahrungen mit einem Cousin. Auch mit älteren Männern. Sie hatten ihr gezeigt, wie man einen Mann zum Orgasmus bringt. Sie war also sehr frei, und wir spielten heftigst miteinander. Nackt. Daß es beim Petting blieb, war nur meine Angst, ein Kind zu machen, sonst hätten wir sicher ernst gemacht. Mit sechzehn hatte ich schon mehrere Freundinnen, Mädchen aus dem Gymnasium. Wir haben uns gegenseitig zum Orgasmus gebracht, indem wir uns heftig aneinander gerieben haben. Die Pille gab es damals ja noch nicht. Deshalb wollten die Mädchen auch nicht, daß ich in sie eindringe. Mir war es recht.

Das richtige ›erste Mal‹ erlebte ich mit einer verheirateten Frau. Typisch. Ich war 21, und sie war die erste Frau, bei der ich nicht aufpassen mußte. Das besorgte sie für mich. Zum erstenmal war ich auch richtig verliebt, ohne Ängste.

Die Frau hatte einen vollen Busen, sie war frech, selbstbe-

wußt und lustig. Wir haben viel zusammen gelacht. Bei ihr
konnte ich auch obszöne Wörter aussprechen. Das wagte
ich bei meinen Mädchenfreundinnen nie. Bei ihnen hatte
ich immer Herzklopfen vor Angst, meine Lust war auch
nicht so stark. Für mich hat nie gegolten, was für andere
vielleicht oft erst der Anreiz war, das Salz in der Suppe.
Nämlich das Verbot, das Tabu. Mich hat das eher gelähmt.
Erst mit dieser Frau war ich richtig draufgängerisch und
frei. Mein Herz klopfte auch jetzt, und wie, aber vor Lust.
Ich konnte vier- bis fünfmal ›kommen‹, wenn Zeit genug
war. Das genoß meine Freundin sehr, denn ihr Ehemann (so
sagte sie jedenfalls) konnte nur einmal, und dann drehte er
sich um und schlief ein. Das Tollste war, wenn ich bei ihr
übernachten konnte. Wir schliefen nackt, und daher schliefen wir eben kaum. Am andern Tag hatte wir beide weiche
Knie, und ich trank rohe Eier aus, weil wir glaubten, daß
das meine Energie zurückbringen würde.

Meine Freundin hatte oft einen Orgasmus. Das gab mir
ein starkes Gefühl des Erfolges. Ich war ein Mann. Ich
konnte einer erfahrenen Frau einen Orgasmus machen, den
sie sonst nicht bekam. Darauf bin ich seitdem fixiert. Wenn
ich mit einer Frau schlafe, die keinen Orgasmus bekommt,
macht mir das keinen Spaß. Es frustriert mich endlos.

Am liebsten ist es mir, wenn die Frauen beim normalen
Koitus kommen. Aber ich streichle auch die Klitoris, wie sie
es eben mögen. Das ist ja so unterschiedlich.

Manche Frauen wollen nur drumherum gestreichelt werden. Andere dagegen wollen an der Klitoris direkt stimuliert werden, am liebsten mit dem Penis. Mir macht das alles
Spaß. Ich hatte übrigens mal eine Freundin, die konnte
kommen, wenn ich ihre Brustwarzen lange und fest stimulierte. Das hat mich stark angemacht.

Mit dreißig habe ich geheiratet. Meine Frau war eine aktive Feministin. Sie hielt nicht viel von Penetration, sie wollte nicht gern, daß ich in sie eindrang. Ich war damals so sehr verliebt, daß ich das alles außer acht ließ. Meine Frau hatte den schönsten Busen, den ich bis dahin gesehen hatte. Ich kam fast schon, wenn ich sie nackt sah. Das innerliche Jubeln beim Orgasmus, das totale Aufgehen, Sichfallenlassen und danach das totale Befriedigtsein, das ist bei mir verbunden mit schönen Brüsten. Bis heute.

Orgasmus, das ist für mich das Aufgeben von Kontrolle. Das Gefühl, daß du jetzt darauf lossteuerst, daß es dich überkommt. Und daß du, für kurze Zeit jedenfalls, deine Kontrolle aufgeben kannst. Natürlich nur, wenn der Sex eingebettet ist in ein Liebesverhältnis mit der Frau. Ich meine damit nicht nur die äußere Kontrolle, sondern auch die innere Kontrolle. Wir sind doch ewig dazu angetrieben worden, uns zu beherrschen, seelisch und körperlich. Wenn diese Kontrolle einmal nicht nötig ist, wenn du das Gefühl hast, du bist aufgehoben, das ist für mich das Tolle am Orgasmus.

Das denke ich natürlich nicht während der Explosion. Das denke ich jetzt, wenn ich versuche, meine Gefühle zu beschreiben, dieses seelische Loslassen, aber auch nervliches Loslassen. Bei mir passiert das aus einem Zentrum heraus, es ist eng begrenzt auf den Genitalbereich, kommt von innen her. Dieses: *Es kommt jetzt*, die direkte heiße Ejakulation, die Hitze am Penis, am Körper, überall.

Orgasmus bei der Frau – das bedeutet für mich, daß ich attraktiv für sie bin. Obwohl ich weiß, daß sie durch Masturbation auch dahin kommen kann. Es ist trotzdem ein schönes Gefühl, daß sie durch mich oder mit mir kommen kann. Es ist schon ein Machtaspekt. Ich kann das mit der Frau tun. Aber Macht verstehe ich hier nicht als Vernichtungsmöglichkeit, sondern positiv, als Bündnis. Das hat meine Frau nie glauben wollen. Schließlich hat sie mich verlassen. Hat sich einen Mann gesucht, der fünfzehn Jahre jünger war als sie, also fast noch ein Junge. Meine Frau war damals 34.

Also, meine Frauen müssen einen Orgasmus haben, sonst habe ich das Gefühl, als liefe ich ins Leere. Da hilft auch alles Rationalisieren nichts. Auch nicht, wenn sie mir sagt, daß sie mit anderen Männern auch nicht zum Orgasmus kommt. Es hilft auch nichts, wenn sie mir versichert, glücklich mit mir zu sein. Ich denke dann immer, daß diese Frau so ist wie die Frauen früherer Zeiten, die Sex ablehnten, aus welchen Gründen auch immer. Trotzdem schliefen sie gottergeben mit ihren Männern. Sagten stolz (wie meine Mutter): Ich habe mich ihm nie verweigert.

Was ich meine, ist: Wenn eine Frau bei mir im Bett keinen Orgasmus hat, beschleicht mich das Gefühl, daß sie mich insgeheim in meiner Sexualität ablehnt, daß sie in Wahrheit keine Lust auf mich hat. So eine Art Pflicht tut. Und ich will mich niemals jemandem aufdrängen, will nirgends ein Bittsteller sein. Das hängt vielleicht damit zusammen, daß meine Familie aus dem Osten flüchten mußte. Daß meine Mutter besonders darunter gelitten hat, für viele ein unerwünschter Eindringling zu sein. Jedenfalls kann ich mir vorstellen, daß da ein Zusammenhang besteht.«

Hettie, 26, Großhandelskauffrau, verheiratet

»Eine Katastrophe nach der anderen«

»Manchmal, wenn ich so über alles nachgrübele, dann denke ich, daß meine Ängste aus der Kindheit stammen. Ich hatte Blinddarmentzündung, unser Hausarzt tippte auf

Magenverstimmung, jedenfalls wurde ich zu spät operiert, ich schwebte dann tagelang zwischen Leben und Tod. Ich stamme aus einem kleinen Ort im Isarwinkel. Das Krankenhaus hatte keine Kinderstation, glaube ich zumindest. Jedenfalls lag ich mit zwei erwachsenen Frauen in einem Zimmer. Die verstanden sich gut, redeten immer über ihre Männer miteinander. Was das für Fießlinge seien und daß sie immer nur Sex machen wollen, aber niemals richtig zärtlich werden könnten. Die Frauen haben immer gedacht, ich bekäme das nicht mit, vielleicht war es ihnen aber auch egal, jedenfalls taten sie sich wenig Zwang an. Und einmal erzählte die Jüngere von beiden, wie ihre Hochzeitsnacht verlaufen sei. Sie habe vorher niemals mit ihrem Mann geschlafen, auch mit keinem anderen. Sie sei streng katholisch erzogen worden, und bei der Hochzeit sei sie ja auch erst neunzehn gewesen. Niemand habe ihr etwas gesagt über Sexualität und so. Am Hochzeitstag habe sie nur Angst gehabt, den ganzen Tag. Ihr Mann habe das gemerkt und sich richtig darüber gefreut. Im Schlafzimmer habe er dann die Tür von innen verschlossen, den Schlüssel in die Tasche gesteckt und dann habe er gesagt, so, jetzt ziehst du dich aus. Sie habe sich vor Furcht und Scham gar nicht rühren können, da habe er angefangen, sie auszuziehen. Sie habe sich plötzlich gewehrt wie verrückt, warum, wisse sie bis heute nicht. Sie habe solche Angst vor ihm gehabt. Und er habe ihr die Kleider runtergerissen und habe sie dann ganz brutal entjungfert. Sie sei weinend, mit eiskalten Beinen, in den Waden einen Krampf nach dem anderen, in ihrem Bett gelegen. Er habe geschnarcht.

Ich weiß nicht, warum mich diese Erzählung so beeindruckt hat. Ich konnte sie nicht vergessen, hab' mir immer vorgestellt, wie der Mann über sie hergefallen ist, wie ihr kalt war, wie sie Schmerzen hatte. Vielleicht war es deshalb, daß ich, so lange ich denken kann, völlig unklare, aber große Ängste vor dem Geschlechtsverkehr habe. Ich war immer sehr beliebt bei Jungen, in der Tanzstunde stand ich richtig im Mittelpunkt. Ich sah auch sehr hübsch aus. Aber sobald ein Junge mehr wollte, als mit mir schmusen, hab' ich ihn abrupt zurückgestoßen. Einmal, im Sommer, war ich mit einem Jungen, der mir sehr gut gefiel, auf einem Tanzfest, und er brachte mich nach Hause: Die Küsserei an der Haustür gefiel mir, ich war richtig glücklich, daß er mich eingeladen hatte und mir sagte, wie sehr er in mich verliebt sei. Ich war auch in ihn verliebt, er war zwei Jahre älter als ich, schon neunzehn, war sehr groß und sah ausgesprochen gut aus. Alle Mädchen in unserer Schule waren hinter ihm her. Ich war also selig, hätte stundenlang mit ihm knutschen können. Plötzlich spürte ich, wie seine Hand sich an meinem Schenkel hochschob. Mit einem Schlag spürte ich nur noch diese Hand, ich dachte, ich hoffte, das würde er doch nicht tun, aber er tat es doch, er zwängte seine Finger in meinen Slip. Ich war sofort eiskalt, voller Abscheu, schlug ihn ins Gesicht, schloß mit zitternden Händen die Tür auf und raste rauf in mein Zimmer. Ich kam mir gedemütigt vor, beschmutzt, ich haßte ihn nur noch. Wollte ihn niemals mehr sehen.

Er jedoch nahm es mir nicht übel. Er umwarb mich weiter. Auch als er zum Studium in die Großstadt zog. Er schrieb mir, rief an, bat um Entschuldigung und ich verzieh ihm, verlangte aber, daß er von mir nicht mehr erwartete als Schmusen. Er hielt sich daran bis zu unserer Heirat. Die war vor mehr als drei Jahren, und seitdem sind wir beide wahnsinnig unglücklich. Meine Angst vor dem Geschlechtsverkehr ist so massiv, daß ich einfach die Beine nicht auseinander kriege. Auch, wenn ich es will, wenn ich es vom Kopf und vom Gefühl her wirklich will, es geht nicht. Ich ver-

krampfe mich, mein Mann hat keine Chance, in mich einzudringen. Wenn wir Petting machen, bin ich beruhigt,
dann komme ich sogar zum Orgasmus. Meinen Mann belastet es inzwischen so stark, daß ich nicht mit ihm schlafen
kann, daß er jetzt auch Erektionsstörungen hat, wenn ich
ihn stimuliere, was früher nie der Fall war. Wir sind beide
ganz mutlos und frustriert und machen nicht einmal mehr
Petting, was uns früher immer Spaß gemacht hat. Wir verstehen uns nämlich ansonsten sehr gut, wir sind beide
berufstätig, mein Mann ist jetzt bald mit seiner Facharzt-
ausbildung fertig. Wir haben keine wirtschaftlichen Sorgen,
haben viele Freunde, gehen gern aus. Wir spielen gemeinsam Tennis, fahren im Winter Ski, was wir beide ausdauernd und gut können. Und wir wünschen uns Kinder, wie
alle jungen Paare, die wir kennen.

Mir tut mein Mann so leid, ich liebe ihn, das weiß ich
ganz sicher. Die Angst, daß er sich irgendwann eine Frau
sucht, die leidenschaftlich ist und echte Lust am Sex hat,
diese Angst macht mir manchmal richtig Schweißausbrü-
che. Vor allem, wenn mein Mann dann wieder versucht,
doch mit mir zu schlafen, und ich versage wieder, dann bin
ich für lange Zeit richtig depressiv, wie gelähmt. Ich habe
dann nicht einmal Lust, ins Büro zu fahren, ich möchte
mich vergraben, allein sein, fühle mich als Anti-Frau, als fri-
gides Monster. Ich möchte meinen Mann anschreien, er
solle sich doch eine funktionierende Frau suchen, aber ich
weiß, daß ich ja davor die allergrößte Angst habe. Mein
Mann möchte, daß wir in eine Therapie gehen, aber davor
habe ich auch Angst. Ich kann mir einfach nicht vorstellen,
daß gegen meine massiven Ängste ein Kraut gewachsen ist.
Mein Mann dagegen hält viel von einem solchen Versuch,
aber er meint auch, ich müsse innerlich dazu bereit sein, ich
dürfe das nicht machen, weil er sich das wünscht. Aber bis-

86

her habe ich es ja nicht einmal geschafft, einen Gynäkologen aufzusuchen. Die Vorstellung, auf diesen Untersuchungsstuhl zu klettern, hat soviel Schrecken für mich, daß ich mich gar nicht hintraue. Ich will mich nicht auch noch vor einem fremden Arzt blamieren, ist schon alles schlimm genug.

Es ist jetzt das erste Mal, daß ich über meine Ängste rede, ich habe mich dazu entschlossen, weil es ja völlig anonym ist. Mit meiner Schwester könnte ich nie darüber sprechen, mit meiner Mutter schon gar nicht, sie war immer kühl und abweisend, redete zwar immer davon, wie sehr sie meine Schwester und mich liebhätte, aber geschmust hat sie nie mit uns. Mit unserem Vater wahrscheinlich auch nicht, jedenfalls habe ich das nie gesehen. Über Sexualität wurde bei uns daheim nie geredet, ich glaube schon, daß ich sexualfeindlich erzogen wurde. Die Eltern schlossen sich im Bad ein, meine Mutter trug immer monströse Nachthemden und Bettschuhe. Sie konnte sich über Abführmittel auslassen und über das Messen des Blutdrucks. Dafür gab es bei uns einen medizinischen Apparat, wie ihn Ärzte haben. Gesundheit war ein Thema, Hygiene auch, aber sonst war alles ziemlich körperfeindlich. Natürlich hat mich niemand aufgeklärt, meine Schwester, drei Jahre älter als ich, erzählte mir zunächst haarsträubende Dinge, die sie aufgeschnappt hatte. Sobald sie wußte, wie es richtig ging, teilte sie es mir mit und wurde auch sofort schwanger, *mußte* also heiraten, obwohl sie selbst und ihr Freund nicht die geringste Lust dazu hatten. Aber meiner Schwester geht es ganz gut in der Ehe, sie war immer couragierter und robuster als ich. Sie würde meine Ängste nie begreifen. Wie sollte sie auch, ich begreife sie ja selber nicht.«

Gina, 23, Drogerieverkäuferin, lebt allein

»Er glaubt nicht, daß ich glücklich bin«

»Wir sind sehr verliebt ineinander. Doch im Bett klappt es nicht so gut. Mein Freund hat Schwierigkeiten, in mich einzudringen. Wenn er es versucht, wird sein Penis sofort schlaff. Wenn ich ihn mit der Hand oder mit dem Mund streichele, hat er eine Erektion, die auch lange anhält. Und er kann dann auch ›kommen‹. Er sagte mir, daß er bei anderen Frauen diese Schwierigkeiten auch schon gehabt habe, aber nicht so ausgeprägt wie bei uns.

Wir kennen uns seit zwei Jahren. Mein Freund ist der Sohn meines Chefs. Als wir uns kennenlernten, war er noch bei der Bundeswehr. Jetzt studiert er Volkswirtschaft. Er sieht sehr gut aus, ich bin stolz, einen so hübschen Freund zu haben. Ich würde auch gern heiraten, aber er will noch warten, bis er sein Studium fertig hat. Das ist mir auch recht.

Mein Freund ist sehr unglücklich darüber, daß wir nicht ›richtig‹ zusammen schlafen können. Niemand, der ihn sieht, kann sich seine Komplexe vorstellen. Er war schon in einer Sexualtherapie, ehe wir uns kennenlernten. Die brachte ihm aber keinen Erfolg. Ich habe ihm vorgeschlagen, gemeinsam mit mir noch mal eine Therapie zu machen, doch das möchte er nicht. Eigentlich bin ich erleichtert, denn ich glaube auch, daß eine solche Therapie meinen Freund noch unglücklicher machen könnte.

Ich selbst hatte vor meinem Freund schon andere, und sexuelle Probleme hatte ich keine. Allerdings habe ich diese Freundschaften auch nicht so ernst genommen wie diese hier.

Am Anfang dachte ich, mein Freund sei so ein Sonnyboy,

ein verwöhnter Sohn, der mit mir vielleicht nur ein unverbindliches Abenteuer will. Damit war ich einverstanden, ich wollte auch nicht mehr. Doch dann wunderte ich mich immer mehr über seine Scheu, seine Zurückhaltung, sobald wir alleine waren. Ich mußte fast drängen, damit was passierte. Inzwischen weiß ich, warum. Und seitdem liebe ich meinen Freund wirklich. Ich möchte, daß er es nicht so wichtig nimmt, was bei uns im Bett abläuft. Schließlich bekomme ich jederzeit einen Orgasmus, wenn er mich entsprechend berührt. Und umgekehrt ja auch. Er glaubt mir aber nicht, daß ich glücklich bin mit ihm. Er meint, ich müßte doch etwas vermissen und würde es nur nicht zugeben, um ihm nicht weh zu tun.

Das stimmt einfach nicht. Ich würde mit niemandem tauschen. Liebe − das ist für mich nur noch er. Wir können reden, still sein, ich vertraue ihm absolut. Alles Dinge, die andere Männer mir nicht geben konnten. Und wenn ich meinen Freund nackt sehe, begehre ich ihn auch. Und wie. Ich bin ja nicht abgeklärt, im Gegenteil, ich könnte jeden Tag mit ihm ins Bett gehen. Aber es muß doch nicht immer nach demselben Schema ablaufen. Warum ist da nur so ein Leistungsdruck? Macht man sich damit nicht die Liebe kaputt?«

Markus, 53, Physiker, verheiratet, 1 Tochter,
Ehefrau Fotografin

»Du liegst unter der Norm und bist eine Flasche«

»Moralische Vorbehalte und sexuelle Fitneßtabellen können auf dasselbe hinauslaufen: Es läuft auf nichts raus. Oder aber − es läuft etwas raus, aber ohne Lust. Im ersten

Fall, beim moralischen Vorbehalt, mag das puritanische Verbot manchmal in einen zusätzlichen Reiz umschlagen, der die Lust steigert. Aber auch die anschließenden Konflikte. Im zweiten Fall ist es wie beim Jogging: Man strampelt mit verzerrtem Gesicht seine Kilometer runter und rennt einem abstrakten Ziel hinterher, das ständig vorausläuft. Über der Ziellinie steht ›Orgasmus‹.

Aus der Freiheit zum Sex wird der Erwartungsdruck, der von vorbildlichen Normen ausgeht. Entweder man sagt sich selbst: Du liegst unter der Norm und bist eine Flasche. Oder man bekommt es von der Frau gesagt. Was soll die arme Psyche auch anderes tun, als das allgemeine Leistungsgesetz, das überall sonst gilt und Erfolg verspricht, auch ins Bett zu übertragen? Doch dabei muß einem der Spaß doch in dem Maße vergehen, in dem man ihm hinterherhechelt. Ich könnte mir vorstellen, daß die gegenwärtige Power- und Repräsentationswelle als erotischer Ersatz irgendwie damit zusammenhängt.

Lust muß her, notfalls mit Gewalt — aber dann ist sie schon weg — ein Teufelskreis. Doch das war vor allem wohl das Problem der 70er und frühen 80er Jahre.

Seit Aids wird die Sache komplizierter. Die Potenzprotzerei und Lust-Propaganda läuft weiter, aber ihr Realitätsbezug scheint sich zu ändern. Den ästhetischen Scheinwelten der Medien stehen individuelle Ängste gegenüber, die den Leistungszwang nicht ungebrochen durchzulassen scheinen. Übrigens ist auf anderen Gebieten, unabhängig von Aids, auch zu beobachten, daß man die Unterhaltungskost (zum Beispiel bei Horror und Gewalt) als Reizmittel braucht und im Überfluß schluckt.

Und wenn es dann nicht klappt im Bett, dann redet die Wissenschaft von sexuellen Funktionsstörungen. Dabei wissen unsere Frauen doch erst seit kurzem, daß sie eine eigene Sexualität haben, haben dürfen. Die Zeit, in der sich das verändert hat, reichte nicht für alle, ihr eigenes erotisches Alphabet wirklich kennenzulernen. Dazu zu stehen und es dem anderen auch mitzuteilen. Noch immer glauben viele Frauen, daß der Mann es ist, der ihren Körper kennen müßte. In ihnen Lust wecken müßte. Wenn er es dann beim Geschlechtsverkehr nicht ›bringt‹, zweifeln sie schon an sich selbst, aber auch an ihm. Dabei wußte schon Kinsey, daß durch normalen Geschlechtsverkehr allein der Orgasmus nur selten drin ist. Frauen, die nicht gern masturbieren und lustvolles Petting gleichwertig zum Orgasmus einschätzen, machen es sich und dem Mann schwer.«

Achim, 35, Informatiker, verheiratet, 1 Kind

»Endlich ein sexuell starkes Leben«

»Ich komme aus kleinen Verhältnissen. Geboren bin ich in Österreich, im Mühlviertel. Meine Mutter arbeitete bei einer Bauersfamilie, der Bauer ist mein Vater. Er hat anfangs die Vaterschaft bestritten, meine Mutter mußte den Hof verlassen, sie kam bei ihrer Schwester unter, in Münster, Westfalen. Da bin ich aufgewachsen und zur Schule gegangen. Meine Mutter hat mir, schon als ich ein kleines Kind war, alles erzählt, was ihr in der Familie meines Vaters passiert war. Der bezahlte zwar für mich, wollte uns aber nie sehen, meine Mutter und mich. Diesen Mann, den ich gar nicht kenne, hasse ich. Ich haßte auch bald die Verhältnisse, in denen wir lebten: die Wohnung meiner Tante, der wir Miete zahlten für ein Zimmer und dafür, daß wir die Küche und das Bad benutzen durften.

Es gab viel Streit, meine Tante hatte keine Kinder, der

Onkel war deshalb wohl enttäuscht, jedenfalls war ich ihm ein Dorn im Auge, ich mußte mich immer unsichtbar machen, sonst hatte meine Mutter es auszubaden. Schon als kleiner Junge spürte ich immer einen Kloß im Hals, wenn die Verwandten mit meiner Mutter zankten. Einen Kloß der Wut, der hilflosen Wut. Meine Mutter war kränklich, sie konnte nur gelegentlich Putzstellen annehmen, bekam Sozialhilfe. Wir hatten immer nur sehr wenig Geld, daher konnte meine Mutter sich gegen die Verwandten nicht wehren. Als ich elf war, starb sie, ich kam sofort in ein Waisenhaus. Doch da ging es mir gut, mir schien es jedenfalls das Paradies. Ein helles Zimmer mit drei anderen Jungen, immer ein ordentliches Essen, freundliche Erzieher. Ich konnte atmen. Bei den anderen Kindern war ich aber nicht beliebt, das merkte ich schnell. Ich war ihnen zu brav, allzu angepaßt. Sie konnten nicht begreifen, daß es mir im Heim so gut gefiel, sie selbst fühlten sich nicht wohl, träumten von Eltern, die sie abholen würden.

Ich träumte von der Oberschule. Und einer der Erzieher nahm sich meiner an, paukte mit mir, setzte durch, daß ich ein Gymnasium besuchen durfte. Ich wollte nichts als lernen, rauskommen, nicht so abhängig und ausgeliefert sein, wie es meine Mutter gewesen war.

Freunde hatte ich bald keine mehr im Heim, aber man ließ mich in Ruhe. Ich war der Streber. Nach dem Abitur ging ich zur Bundeswehr, wollte dort studieren. Und das klappte auch. Sexuell war ich völlig verklemmt. Seit der Kinderzeit hab' ich onaniert, immer morgens beim Aufwachen. Dann hatte ich nämlich eine Erektion und sonst nie.

Bei der Bundeswehr lernte ich meine Frau kennen. Sie arbeitete im Sekretariat. Äußerlich gefiel sie mir nicht so gut, ich war mehr auf Mädchen fixiert, wie man sie in Illustrierten sieht. Mädchen mit langer Haarmähne, mit langen Beinen und so. Aber ich war intelligent genug, um zu wissen, daß sich so eine nie für mich interessieren würde. Elke, meine spätere Frau, interessierte sich für mich. Ich glaube, sie war außer meiner Mutter das einzige weibliche Wesen, das mich mochte. Elke war groß, nicht gerade schlank. Sie war genauso verklemmt und scheu wie ich. Ihre Eltern hatten eine großes, schönes Haus, Elke war die einzige Tochter, hatte ein Cabrio, immer genug Geld. Ich wurde daheim bei ihr eingeladen, traute mich kaum hin, so fein waren die Eltern. Aber sie hatten nichts gegen mich, waren ganz nett zu mir. Dem Vater imponierte, daß ich mein Studium so ernst nahm und so solide war, wie er zu Elke sagte.

Elke hatte noch nie mit einem Mann Körperkontakt gehabt, sie war ebenso unerfahren, voller Hemmungen und Ängste vor dem anderen Geschlecht, wie ich es war. Elkes Eltern hatten sie immer gewarnt, sich nicht wegzuwerfen. Außerdem hatte Elke Hemmungen, weil sie sich viel zu dick fand und überhaupt nicht attraktiv. Es dauerte Wochen, bis ich zum erstenmal ihren Busen streicheln konnte. Wir kannten uns schon ein halbes Jahr, da habe ich das erste Mal versucht, mit Elke zu schlafen. Wir waren für ein verlängertes Wochenende nach Österreich gefahren, waren zum erstenmal wirklich allein. Ohne Elkes Eltern im Hintergrund. Es war ein echtes Fiasko. Ich habe auf der ganzen Linie versagt. Es war schlimm, ich hatte einfach keine Erektion, so sehr ich mich auch bemühte, so sehr Elke sich auch bemühte. Nichts. Am nächsten Morgen hatte ich meine gewohnte Morgenerektion, ich wollte sofort mit Elke schlafen, bis ich sie soweit hatte, war nicht mehr die Spur von Erektion.

Ich war so deprimiert, daß ich sofort mit Elke Schluß machte. Sie weinte, sagte, daß es ihr nicht so wichtig wäre mit dem steifen oder nicht steifen Penis. Es wäre ihr recht, wenn ich lieb zu ihr wäre, wie, das sei ihr völlig egal.

Sie konnte mich nicht trösten. Ich war von mir enttäuscht, von ihr, von allem. Ich fühlte mich als Versager, als Nichts, als Schlappschwanz. Ich haßte mich, zog mich völlig von Elke zurück, konzentrierte mich noch mehr als bisher auf mein Studium. Schließlich vermied ich es sogar, ins Verwaltungsgebäude zu gehen, um nur ja Elke nicht zu treffen. Elke schrieb mir Briefe. Sie schrieb, daß sie mich heiraten wolle, daß ihre Eltern genug Geld hätten, damit wir ein Haus bauen könnten. Sie wären einverstanden. Und eines Tages kam sogar Elkes Vater zu mir. Elke sei so unglücklich und so weiter. Nun ja, bald darauf haben wir geheiratet.

Mit der Zeit stellte sich heraus, daß Elke durchaus Orgasmen haben konnte, wenn ich sie entsprechend streichelte. Nur ich, ich hatte weiterhin diese verdammten Erektionsstörungen. Ich konnte machen, was ich wollte, es klappte nicht. Wenn ich allein war, ja, wenn ich im Auto fuhr, Musik hörte oder mir ein tolles Mädchen vorstellte, dann hatte ich jedesmal eine Erektion. Nur nicht im Ehebett.

Elke veränderte sich. Sie nahm ab, kleidete sich vorteilhafter, sie fühlte sich durch ihre neue Rolle als Ehefrau bestätigt und wurde selbstbewußter. Ich erfuhr, daß sie in ihrem Büro von einem Kollegen umworben wurde. Ich wollte es lange nicht wahrhaben, aber ich war plötzlich eifersüchtig. Ich begehrte meine Frau, und wir konnten sogar miteinander schlafen. Meine Erektionsstörungen waren zwar noch da, aber nicht mehr ständig. Elke wurde schwanger, wir bekamen unseren Sohn.

In der Schwangerschaft und auch danach war die alte Misere wieder da. Ich konnte den Geschlechtsakt nicht mehr vollziehen. Null. Ich wurde schlecht gelaunt, es gab dauernd Streit zwischen Elke und mir. Ich war eifersüchtig auf unser Kind, fand, daß Elke eine Affenliebe entwickelte, die von den Großeltern nur noch unterstützt wurde. Unser

Kind wurde total verhätschelt und verzärtelt. Fand ich jedenfalls.

Elke zog sich immer mehr von mir zurück, konzentrierte sich auf das Kind und auf ihre Eltern. Um unsere Ehe zu retten, machten wir schließlich eine Therapie. Hier lernten wir, uns zu streicheln, ohne Fixierung auf den Verkehr, nur um des Streichelns willen. Elke lernte, mich manuell und oral zu reizen, so daß ich tatsächlich eine Erektion bekam und eine Ejakulation. Ich konnte Elke bald mühelos zum Orgasmus bringen.

Beruflich war auch alles bestens gelaufen, ich verdiente gut und war in meinem Fach angesehen. Fuhr zu Vortragsreisen, wurde ins Ausland eingeladen. Wir hatten inzwischen ein hübsches Haus, der Junge war aufgeweckt, machte uns viel Spaß. Nur ich selbst war voller Unruhe. Sexueller Neugierde. Jetzt, wo ich dank der Therapie zum erstenmal in meinem Leben ein schönes, erfülltes Sexualleben hatte, wollte ich mehr, ich wollte nachholen, was ich in meiner Jugend versäumt hatte. Ich träumte davon, mit anderen Frauen, mit meinen Traumfrauen, all diese Sensationen zu erleben, nicht immer nur mit Elke. Ich konnte keine gutaussehende Frau anschauen, ohne sie mir ins Bett zu wünschen. Mit jeder hätte ich schlafen mögen. Und ich war auch noch so blöde, das einmal Elke gegenüber zuzugeben, als sie mir vorwarf, daß ich immer fremde Frauen anstarren würde.

Elke reagierte darauf so massiv, daß ich bestürzt war. Sie zog sich völlig von mir zurück, schützte ständig Rückenschmerzen vor, Kopfschmerzen, Müdigkeit. Sie weinte ständig, hatte tagelang Depressionen, so daß sie im Haushalt nicht mehr zurecht kam, der Junge ging ihr auf die Nerven. Sie würde am liebsten den ganzen Tag im Bett liegen und nichts sehen und hören. Mir ist richtig angst, ich möchte alles tun, um Elke zurückzugewinnen.

Jetzt, wo ich Angst um Elke habe, wo ich sehe, was ich angerichtet habe, sind meine sexuellen Träume verflogen. Ich mache mir die schwersten Vorwürfe, möchte meine Frau wieder so sehen, wie sie früher war: liebevoll, fröhlich, bereit, alles für mich zu tun. Jetzt, wo sie sich derart konsequent von mir abwendet, wo ich sehe, wie sie leidet, weiß ich erst, wie rücksichtslos ich war, wie unsensibel. Hätte ich doch nur meine Phantasien für mich behalten, dann wäre alles in Ordnung. Meine einzige Hoffnung ist jetzt, daß Elke mit mir wieder die Therapeuten aufsucht, die uns damals geholfen haben. Im Moment ist sie jedoch zu nichts fähig. Ich kann nur hoffen, daß ich alles wiedergutmachen kann.«

Ingrid, 26, Studentin an der Fachhochschule, lebt allein

»Alle kriegen ihn – nur ich nicht«

»Mit 15, 16 hatte ich nur Jungen im Kopf. Ich blieb sitzen im Gymnasium, begann eine Lehre als technische Zeichnerin. Der Beruf machte mir auf die Dauer aber doch keinen Spaß. Deshalb büffele ich jetzt als alte Frau noch an der Fachhochschule.

Für meine Erfolge bei Männern interessiere ich mich immer noch. Ich hatte wohl in den letzten zehn Jahren auch an die zehn Liebhaber. Und ich hab' alles ausprobiert, was im Bett so los sein kann. Aber ich habe niemals einen Orgasmus, also einen richtigen. Manchmal denke ich, meine Sexualität ist eine einzige Jagd nach dem großen Orgasmus. Von dem reden doch alle. Und die Männer fragen einen danach. Auch mein jetziger Freund. Der ist Mediziner und ist trotzdem so abhängig von diesem Orgasmuszwang. Er will, daß ich einen haben soll, wenn er in mich eingedrungen ist. Hab' ich aber ums Verrecken nicht. Wenn ich lange genug an den Brustwarzen und gleichzeitig an der Klitoris gestreichelt werde, dann habe ich einen Orgasmus. Der ist so, wie wenn ich masturbiere. Natürlich schöner, weil wir ja dabei zu zweit sind, klar. Ist ja auch sehr schön, nur eben nicht sensationell. Ich möchte das auch haben, wovon überall die Rede ist. Diese wahnsinnige Lust, dies Ausflippen, Abheben, rote Flammen sehen und wasweißichnoch. Warum kann ich das nicht haben? Allmählich setze ich mich selbst unter Druck, fühle mich unsicher und als Frau ungenügend.«

Henriette, 39, Hausfrau, verheiratet, 2 Kinder

»Heirat per Annonce«

»Eigentlich rede ich nicht gern davon. Gut, daß mein Mann nicht da ist, der würde mich gar nicht zu Wort kommen lassen, der würde Ihnen alles aus seiner Sicht erzählen. Bei ihm ist alles ›super‹. ›Einmalig.‹ Er kehrt alles unter den Teppich, der lügt sich in die eigene Tasche. Ich hab' ihm ganz offen erzählt, daß ich heiraten wollte, um von daheim wegzukommen. Bei uns war ständig Streit, meine Eltern waren ähnlich wie mein Mann. Außen hui, innen pfui. Immer am Sonntag spazierengehen, auf den Friedhof, in die Kirche, und vorher und nachher ist daheim der Streit. Mein Vater ist aggressiv, er redet nichts, keiner weiß, was ihm wieder nicht paßt, und dann brüllt er plötzlich los. Früher, als wir Kinder noch klein waren, hat meine Mutter sich alles gefallen lassen, da hat sie heimlich geheult. Heute keift sie genauso wie der Vater, sie hat sich angepaßt. Deshalb gehe ich auch nicht gern zu meinen Eltern, auch unsere Kinder, sie sind drei und acht Jahre alt, mögen nicht gern hingehen. Der Streit bei meinen Alten ist zwar leiser geworden, aber es ist so ungut bei denen. Der Vater meckert, wie die Mutter kocht und daß sie alles vergißt und ihn nervt, die Mutter beklagt sich bei mir, egal, ob die Kinder dabei sind.

Man kann sich sein Elternhaus nicht aussuchen. Ich kenne die Eltern meines Mannes nicht, sie leben in Polen. Aber mein Mann sagt immer, bei ihnen daheim sei es einmalig schön gewesen. Seine Lehre war einmalig (mein Mann ist Kaufmann), die Schule sowieso. Und bei den Mädchen sei er sehr erfolgreich gewesen. Dabei weiß ich von seiner Schwester, die uns einmal besucht hat, daß mein Mann mit 19 Jahren einen Selbstmordversuch gemacht hat, daß er für einige Wochen in eine psychiatrische Klinik eingeliefert werden mußte. Und wenn er bei den Frauen so erfolgreich war, warum hat er dann eine Heiratsannonce aufgegeben mit 30 Jahren?

Ich glaube, mein Mann will mich einschüchtern. Er will Sieger sein, mir die Schuld zuschieben, daß es bei uns nicht klappt.

Mein Mann hat, wie ich auch, nur eine Volksschule besucht. Aber er meint, er sei hundertmal klüger als ich. Mag ja sein. Ich lese sehr viel, jeden Tag die Zeitung von vorn bis hinten, und ich weiß, daß man sich selber gegenüber ehrlich sein muß, sonst bekommt man Probleme, seelische Probleme, die immer stärker werden. Ich hab' Probleme mit meinem Mann, vor allem im Bett. Und ich bin mir darüber klar, daß mein Elternhaus viel Schuld daran hat. Im ersten Schuljahr war ich in einer kleinen Clique, wir waren vier Nachbarskinder, und wir haben in einer Gartenlaube Doktorspiele gemacht und sind dabei erwischt worden. Ich habe von meinen Eltern, vom Vater und von der Mutter, brutale

Prügel gekriegt. Die Schläge mit der ›Schmicke‹, so einer Art Peitsche, spüre ich heute noch, also, ich kann sie mir heute noch vorstellen. Ich hab' dabei in die Hosen gemacht. Dabei waren meine Eltern selbst nicht gerade rücksichtsvoll. Wir hatten nur eine kleine Wohnung, sie machten nie die Schlafzimmertür richtig zu, und der Vater hielt sich nicht zurück. Ich kriegte mit, wenn sie es machten. Und meine Mutter war dann schlecht gelaunt. Als ich älter wurde, wollte sie mir immer erzählen, wie sie es satt hätte. Mich hat das angeekelt, ich wollte davon nichts sehen und hören.

Vor Jungen hatte ich Angst. Irgendwie. Ich wollte nicht, daß mich einer anfaßt, ich bin dem immer aus dem Weg gegangen. Lieber war ich allein, hab' herumgedöst, war mutlos, fand das Leben sinnlos. Ich hatte eine ziemlich unreine Haut, hab' meine Pickel mit Vitamin-A-Säure behandelt. Ich glaub', ich wollte rabiat gegen mich selber sein, ich mochte mich nicht leiden. Das einzige, was mir guttat, war, wenn ich mich selbst gestreichelt hab'. Ich hab' das im Bett gemacht, mit einem alten Plüschtier.

Meine Chefin, ich war Verkäuferin in einem Blumenladen, hat mich zu ihrem Arzt geschickt, weil ich so oft so still war, so depressiv, wie sie es nannte. Der Arzt hat mich alles mögliche gefragt. Nach dem Elternhaus, ob ich einen Freund hätte und so. Schließlich hat er gefragt, ob ich es mir selber mache, und ich hab' es ihm gesagt. Da hat er gemeint, daher kämen meine Depressionen und ich solle das unbedingt aufgeben.

Im Blumenladen hat es mir gefallen, meine Chefin war nett. Sie zeigte mir, wie man mit Blumen umgeht, wie man Gestecke zusammenstellt. Ich hatte ja keine Lehre gemacht, war keine Floristin. Meine Mutter bekam multiple Sklerose, da mußte ich nach der Schule daheimbleiben und meinem Vater bei der Pflege helfen, daher habe ich keine Ausbildung bekommen. Meine Chefin hat mich das nie spüren lassen. Sie selbst hatte ihren Mann über eine Heiratsanzeige kennengelernt, und sie war recht froh an ihm. Deshalb hat sie mir immer die Seiten mit den Heiratsanzeigen aus der Zeitung ausgeschnitten. Die Männer, die sie für mich gut fand, hat sie rot angekreuzt. ›Es bringt nichts, wenn du nur mit deiner kranken Mutter und deinem ollen Vater rumhängst‹, sagte sie immer zu mir. Und da hatte sie recht. Ich wollte weg. Nur weg von daheim. Das war ein Alptraum. Der Vater spielte nach außen immer noch den lieben Ehemann. Jetzt konnte er sogar den aufopfernden Pfleger meiner Mutter mimen. Dabei war er grob mit ihr, fuhr ihr über den Mund. Und ich konnte auch nichts rechtmachen. Wenn ich abends heimkam, mußte ich Essen kochen und aufräumen. Daß ich einen Beruf hatte, in dem man den ganzen Tag stehen muß, oft schwere Blumenschalen heben, große Kränze binden, darüber hat sich niemand Gedanken gemacht. Einmal fand der Vater, ich hätte den Spüllumpen nicht richtig ausgedrückt. Als ich heimkam, stellte er sich vor mich hin. ›Augen zu, Mund auf‹, sagte er und wollte mir das Spülwasser reinlaufen lassen. Da hat es mir gereicht, ich bin sofort wieder ins Geschäft zurückgefahren, hab' eine Woche bei meiner Chefin gewohnt, und die hat mich gegen meinen Vater verteidigt.

Ja. Durch die Annonce hab' ich dann meinen Mann kennengelernt. Er hat mich beredet und beredet, er wollte sofort heiraten. Ich hab' das dann auch gemacht. Aber froh war ich nicht darüber. Und das Sexuelle, das hat nie geklappt. Wenn mein Mann angefangen hat, mich zu streicheln, dann dachte ich immer, der wirft mich an wie einen Motor. So war das, so technisch. Nicht, weil er Spaß an meinen Brustwarzen hatte oder an meiner Vagina, nicht deshalb hat er mich da gestreichelt, sondern weil er wollte,

100

daß er sein Programm abwickeln konnte. Jedenfalls hab' ich
es so empfunden. Ich wurde nie erregt, es wurde bei mir
auch nie feucht, so wie es war, wenn ich mich selber gestreichelt hab'. Beim ersten Mal war es schrecklich. Es ging einfach nicht, er kam nicht rein. Mein Mann war wütend, und
ich hab' geheult. Es tat so weh, wenn er es versuchte. Ich
wollte ja, also, ich wußte ja, daß es dazugehört, ich wollte
es ja tun, aber es ging nicht.

Ich bin dann zu einer Frauenärztin gegangen, hab' ihr das
erzählt. Sie sagte, daß ich ja wirklich noch Jungfrau sei und
ob sie denn das Häutchen entfernen sollte. Ich sagte ja.
Diese Ärztin war gar nicht besonders freundlich, aber sie
war offen, sie redete nicht drumherum, erklärte mir alles
ganz sachlich. Sie sagte mir, daß ich ganz gesund sei, sehr
gepflegt und daß ich bestimmt gern Kinder hätte. Sie lenkte
mich irgendwie ab, ich weiß noch heute, daß ich getröstet
nach Hause ging und alles nicht mehr so schlimm fand.
Kinder, ja, die wollte ich. Was Eigenes, etwas, das aus mir
kommt, mir ganz nah ist.

Von da an ging es besser mit dem Verkehr. Ich hatte zwar
immer noch keine rechte Lust, aber ich dachte ans Kinderkriegen, und als ich am Morgen zum erstenmal erbrechen
mußte, war ich selig. Ich rief die Frauenärztin an, fragte sie,
ob ich denn schwanger sein könnte, und sie hielt es für
durchaus möglich, lachte über meine Freude, daß ich erbrechen mußte.

Mit meinen Kindern ist das Leben wirklich gut. Wir
haben zwei Söhne, richtig gutherzige Kerle. Der Große ist
jetzt acht, der Jüngste drei Jahre alt. Leider redet mein
Mann mir auch in die Kindererziehung immer rein. Er weiß
alles besser. Am Abend kontrolliert er die Schularbeiten, die
ich mit dem Großen mache. Ich muß ihm die Einkaufszettel
vom Supermarkt zeigen, weil ich nach seiner Meinung das

Geld zum Fenster hinauswerfe. Wenn ich mich verteidige, überfährt er mich mit seinem Gerede, die Kinder weichen ihm auch schon aus, klug wie sie sind. Jeder läßt ihn reden.

Im Bett, da kann er nicht machen, was er will. Früher hab' ich ihm zuliebe immer noch mitgemacht, hab' ihm auch schon mal vorgespielt, daß es mir Spaß mache. Das tue ich nicht mehr. Ich sage ihm offen, daß ich keine Lust habe, daß es mir weh tut. Und daß er nicht glauben soll, wenn er mich am Tag schlecht behandelt, daß er dann im Bett auch noch zeigen kann, wo es langgeht. Mein Mann ist darüber wütend, droht mit Scheidung. Soll er doch. Für mich wäre das nicht das Schlimmste.«

Georg, 40, Bauschreiner, verheiratet, 1 Kind

»Schweißgebadet vor Angst«

»Wenn ich meine Frau sehe, wie sie mit unserem Jungen schmust, dann freue ich mich natürlich. Der Junge ist vier, und ich bin stolz auf ihn. Aber ich muß oft an früher denken, als ich selbst so ein Kind war. Meine Mutter hat mir nie einen Kuß gegeben, mich nie gestreichelt. Sie war so oft schlechter Laune. Vielleicht kam das auch daher, daß mein Vater ständig arbeitslos war und viel trank. Mit dem hab' ich mich auch nie verstanden, ich glaub', den hab' ich verachtet. Als ich vierzehn war, ist er gestorben, die Leber hat nicht mehr mitgemacht. Aber ich wollte ja von mir erzählen.

Also da war nichts mit Zärtlichkeit in der Jugend. Und Sex? Ich glaub', bei uns wußte keiner, wie man das schreibt. Aber einmal, da fuhr ich mit meinen Eltern zu einer Beerdigung, meine Oma war gestorben, sie wohnte über 400 Kilometer weit weg von uns, und wir mußten bei Verwandten übernachten. Da hab' ich bei meinen Eltern im Zimmer auf der Matratze geschlafen. Aber irgendwie konnte ich nicht einschlafen. Da rief mein Vater: ›Schorsch, schläfst du?‹ und ich hab' keine Antwort gegeben. Warum, weiß ich auch nicht. Und da ging das los, und meine Mutter wollte nicht, aber sie konnte ja nichts machen, denn er war ja von der Feier schon wieder betrunken und stärker als sie. Und schreien konnte sie auch nicht, weil ja keiner was merken sollte. Es war ekelhaft, ich lag da und konnte mich nicht rühren, und mir war schlecht zum Erbrechen. Damals war ich wohl so zehn.

Irgendwann bin ich auch draufgekommen, daß es was bringt, wenn man es sich selber macht. Ich durfte das nicht, meine Mutter suchte immer das Bett ab nach Spuren und auch meine Wäsche. Widerlich war das für mich. Erniedrigend. Ich hab's trotzdem getan, hab' Papiertaschentücher benutzt. Aber ich hatte immer Angst, daß meine Mutter es rauskriegt. ›Du kriegst Gehirnerweichung‹, sagte meine Mutter öfters, aber sonst sagte sie auch nichts. Also keine Erklärung, wovon ich denn Gehirnerweichung bekäme oder so — einfach nur diese Drohung. Aber ich wußte genau, was sie meinte. In der Schule, mit den anderen, machten wir ja später Wettonanieren. Aber da war ich auch nicht gut — aber es hat mir keiner übelgenommen.

Später, mit den Mädchen, wurde das kritisch. Ich hab', glaube ich, den Fehler gemacht, den viele Männer machen. Ich hab' immer Frauen gehabt, die wie meine Mutter waren, eher kühl, launisch, wenig zärtlich. Das muß bei mir so eine unbewußte Sache sein, die da abläuft. Ich hab' dann zwar mit den Frauen Schluß gemacht, weil ich schnell gemerkt hab', was da los ist. Daher hatte ich vor meiner Ehe ziemlich viele Bekanntschaften, so kurze, also zwanzig waren es bestimmt. Sexuell klappte es da eigentlich ganz gut. Also, ich war immer schnell erregt und kam leider auch immer schnell. Aber das hat den Frauen nicht so viel ausgemacht.

Jetzt, in meiner Ehe, ist das anders. Als ich meine Frau kennenlernte, schliefen wir ziemlich oft miteinander, und sie wurde schwanger. Das war mir noch nie passiert, ich hab' mich wie verrückt gefreut, und wir haben sofort geheiratet. Vier Monate kannten wir uns da. In der Schwangerschaft lief fast gar nichts. Meine Frau wollte nicht, und irgendwie hab' ich das auch akzeptiert. Ich hab' gedacht, wenn das Kind erst da ist, wird es besser. Aber es ist schlechter geworden. Ich kann meiner Frau nichts mehr recht machen im Bett. Es stimmt ja, ich ›komme‹ immer zu früh. Daher möchte ich lieber lange mit meiner Frau schmusen, sie überall streicheln, damit sie es schön hat. Früher, als wir uns kennenlernten, wollte sie das auch. Aber jetzt sagt sie dauernd, sie wolle einen richtigen Mann und nicht einen, der nur an ihr rummache.

Sie hat gar keine Geduld, sagt, daß ich ein Versager sei, zu blöd, richtig einen hochzukriegen. Das hat mich so verletzt und gedemütigt, daß ich jetzt auch keine Lust mehr habe auf sie. Aber das paßt ihr dann auch nicht. Je nach ihrer Laune überfällt sie mich dann richtig. Und wenn es nicht klappt bei mir, dann beschimpft sie mich als impotent oder schwul.

Manchmal träume ich, daß eine Frau was von mir will und daß ich nicht kann. Dann wache ich schweißgebadet auf und fühle mich mies. Ich möchte ja meine Frau befriedigen. Wenn ich sie mit unserem Jungen schmusen sehe, wenn sie mir erzählt, wie sie in früheren Beziehungen zur Sache gegangen sei, dann hab' ich wirklich das Gefühl, daß ich ein Schwächling bin im Bett, ein Versager. Vielleicht war es für meine Frau mit den anderen Männern wirklich schöner als mit mir. Aber ich glaube es nicht, ich glaube es nicht wirklich. Denn zu keinem Mann hat sie noch irgendeine Verbindung, und sie spricht auch eher schlecht von den Männern, vom Bett einmal abgesehen. Und ich glaube auch nicht, daß es nur an einem Partner liegt, wenn es im Bett nicht klappt. Ich habe meiner Frau vorgeschlagen, daß wir zu so einer Therapie gehen, so was gibt es ja heute, aber sie lacht nur, sie denke nicht daran, sagt sie, das habe sie nicht nötig, bei ihr sei alles in Ordnung. Ich sei derjenige, bei dem man mal nachsehen müsse, aber sie glaube nicht, daß das einen Sinn mache. Impotent sei impotent, und dagegen sei kein Kraut gewachsen.

Aber ich bin nicht impotent. Wenn ich mich selber befriedige, klappt das ohne weiteres. Und ich glaube, wenn ich eine zärtliche, liebevolle Frau hätte, eine, die gern mit mir schmust, dann könnte ich auch mit einer Frau guten Sex machen. Aber fremdgehen will ich nicht, schließlich haben wir ein Kind, und am Anfang war es doch schön. Irgendwie hoffe ich immer noch, daß es mal wieder klappt.«

Johannes, 58, Werbegraphiker, verheiratet, 2 Kinder, Ehefrau freie Graphikerin

»Der Mann ein Feuer, die Frau ein Vulkan«

»Als ich so um die zehn Jahre alt war, hieß es unter uns Buben: ›Dean ma?‹ Das heißt auf hochdeutsch: ›Tun wir's?‹ und es bedeutete, daß wir gewisse Aktionen einleiteten. Die anderen Gymnasiasten wurden eingeteilt in solche, die ›tun‹, und in solche, die davon wahrscheinlich keine Ahnung hatten. Wenn wir zum Beispiel an den dicken Seilen der Kirchenglocken entlangfuhren und dabei lachten, wußten wir genau, wer ›es tat‹ oder nicht. Und das interessierte uns brennend, vor allem, ob der HJ-Führer es auch tat.

Natürlich war das alles verboten. Schon früh sagte meine Mutter ständig: ›Du sollst nicht Zipfelspielen.‹ Das hat mich nie gehindert. Ich hätte auch nicht aufhören können mit diesen gezielten rhythmischen Bewegungen, die so schöne Zuckungen ergaben. Und ich war immer neugierig, was es da noch alles für wunderbare Sachen gab. Von einem bestimmten Stadium an führte das Wichsen unweigerlich zum Orgasmus. Ich war einem fast mechanischen Vollzug unterworfen.

Jetzt kann ich das steuern. Es ist, wie beim Vögeln, kein Hecheln bis zum Ziel, sondern ein schönes, volles Gefühl. Es kommt vor, daß trotz heftiger Anstrengung kein Orgasmus her will. Dann lass' ich es. Es kommt aber auch vor, daß es sehr schnell ›kommt‹.

Früher, als der Mann für die Verhütung noch alleine zuständig war, war es wichtig, früh und zuverlässig zu spüren, wann es kommt. Damit man, wenn es angebracht war, die letzten Sekunden dem Frauenbauch gegönnt hat.

Ich beneide die Jungen, die überall erfahren: Enjoy it. Das hat zu uns niemals ein Buch oder ein Erwachsener gesagt. Wir haben ›es‹ trotzdem gemacht. Jeder auf seine Weise. Und jeder hat auf seine Weise das moralische Über-Ich weggesteckt, unterlaufen – und auch darunter gelitten. Uns hat man noch erzählt, jeder Mann habe nur ein gewisses Quantum an Orgasmen, das natürlich durch Masturbation rasch verbraucht wird.

Ich beneide auch die Frauen. Ich habe immer wieder erlebt, was Karl Kraus (sinngemäß) so ausdrückte: Wenn der Mann ein Feuer ist, ist die Frau ein Vulkan. Den Frauen, mit denen ich geschlafen habe (oder schlafe), habe ich immer gesagt: Genießt, was ihr fühlt, wo ihr es fühlt, wie ihr es fühlt. Ich habe sie immer ermutigt, mir zu sagen, was sie wirklich spüren, was sie sich wirklich wünschen.

Inzwischen habe ich gelernt, daß ›meine Frauen‹ am ehesten zum Orgasmus kommen, wenn sie über mir sitzen oder liegen. Ich liege ein wenig erhöht, gegen die Wand oder ein Kissen gelehnt. Mein Penis ist in der Vagina, aber so, daß ich kräftig gegen die Klitoris drücken und reiben kann. Dabei spiele ich, wenn die Frau das gern hat, an ihren Brustwarzen. Manche Frauen können überhaupt nur ›kommen‹, wenn zusätzlich zur Klitoris die Brustwarzen intensiv stimuliert werden. Meine Frau kann sich auch auf mir bewegen, wie es ihr guttut. Manchmal können wir auf diese Weise sogar gleichzeitig oder unmittelbar nacheinander kommen. Wenn es bei mir zu früh ›loszugehen‹ droht, dann bewegen wir uns eine Weile nicht, und ich streichle nur ihre Brustwarzen, damit ihre Erregung nicht abflaut.

Ich glaube, daß auf diese Weise gute Chancen bestehen, auch einer Frau zum Orgasmus zu verhelfen, die damit sonst Probleme hat. Doch auch nur dann sollte man das Thema Orgasmus in den Mittelpunkt rücken. Ich würde niemals eine Frau fragen, ob sie denn auch . . . Das muß ihr ja von vornherein den Eindruck vermitteln, als würde es darum gehen, eine Norm zu erfüllen. Liebe kennt aber glücklicherweise keine Normen.«

Gernot, 28, Bauarbeiter, nicht verheiratet

»Ständig diese wahnsinnige Lust«

»Ich war schon als Kind dick und klein. Mich haben sie schon in der Schule immer ›Ballaballa‹ genannt. Nicht nur, weil ich so dicklich war, sie fanden mich auch blöd, eben ballaballa. Meine Mutter und meine Oma, die damals noch bei uns wohnte, waren die einzigen, die mich nicht aufzogen. Meine Oma sagte immer, ich solle mir nichts draus machen, vor Gott wären alle Menschen gleich. Das half mir auch nichts. Meine Mutter erzählte ständig von der Zeit, als ich ein Baby war. Rundlich, mit schwarzen Augen und Locken. Alle Leute hätten ihr gesagt, wie süß ich sei. Ich glaube, meine Mutter hätte am liebsten gehabt, wenn ich ständig ein Jahr alt und süß geblieben wäre.

Ich erzählte daheim nicht, wenn ich von den anderen verhauen wurde. Das war für die Dorfbälger nämlich ein Mittel, die Langeweile zu vertreiben. Nach der Schule wurde erst mal der Ballaballa hergenommen. Einmal kam unser Pastor dazu. Anstatt mich in Schutz zu nehmen, schimpfte der mich aus. Du sollst dich wehren, sagte er. Ich war platt. In der Kirche redete er ganz anders. Seit dem Tag hatte ich immer Steine in der Tasche. Wenn sie über mich herfielen, hatte ich die Steine in der Faust und schlug damit zu. Kraft hatte ich genug, dick wie ich war. Da gab es bei den anderen Verletzungen, einem hab' ich fast ein Auge ausgehauen. Jetzt war ich der Schläger im Dorf. Das gefiel mir schon besser. Nur meine Mutter war verunsichert. Einerseits hielt sie zu mir, andererseits mußte sie sich immer gegen die Leute verteidigen.

Nach der Pubertät zeigte sich dann, daß ich nicht nur der Dickste von allen war. Ich war auch der Kleinste. Ich wuchs einfach nicht mehr. Ich war und blieb 1,50 m klein. Das hat mich total fertiggemacht. Ich habe alles versucht, bin zu Ärzten gegangen, keiner konnte mir helfen. Ich hab' mir Schuhe gekauft mit hohen Absätzen, das machte alles nur noch schlimmer. Ich haßte diese Schuhe, ich haßte mich. Alle sahen auf mich runter, auch die Mädchen. Nicht mal bei den Mädchen war eine, die so klein war wie ich. Die Zierlichste war noch zehn Zentimeter größer als ich.

Nach der Hauptschule ging ich auf den Bau. Meine Mutter hatte wenig Geld, seit dem Tod der Oma fehlte deren Rente. Meine Mutter arbeitet halbtags als Verkäuferin, sie hat nie einen Beruf gelernt, immer die Oma gepflegt. Meine Eltern sind schon lange geschieden, meinen Vater sehe ich nie. Der interessiert sich nicht für mich und umgekehrt.

Auf dem Bau ging das natürlich von vorne los mit dem Ärger. Hier war ich der ›Rollmops‹ oder der ›Balla‹. Sogar die Türken lachten mich aus. Ich mußte Brotzeit holen, Bier anschleppen, aber mit im Bauwagen sitzen durfte ich nicht. Keiner redete mit mir, nur, wenn sie mir was auftrugen. Oder wenn sie mich für dumm verkauften.

Meine Mutter hatte seit einiger Zeit einen Freund, seitdem war unser Verhältnis auch verändert. Sie war oft bei ihm, ich saß in der leeren Wohnung und sah fern. Oder ging ins Kino. Am liebsten sehe ich Pornofilme. Je schärfer, je besser. Aber sie sind eigentlich alle gleich. Also irgendwie kommt alles aufs selbe raus. Ich sehe auch immer spät im Fernsehen auf RTL plus die Männermagazinsendung und alles das. Ich habe so eine starke Sehnsucht nach Frauen. Das ist manchmal so schlimm, daß ich durchdrehen könnte. In der Nacht masturbiere ich oft acht- bis zehnmal. Die Sekunde, wo der Orgasmus kommt, die ist schön, das möchte ich immer wieder erleben.

Aber ich sehne mich auch nach Liebe. Nur, wer will schon so einen wie mich? Es gibt wirklich keine Frau, und es hat auch noch nie eine gegeben, die sich für mich interessiert. Sie sehen mich gar nicht an. Oder sie lachen über mich, tuscheln, kichern, machen Witze. Das kenne ich schon, das tut aber trotzdem jedesmal weh.

Manchmal träume ich, wenn ich aus dem Kino komme. Dann stelle ich mir vor, ich sei Dustin Hoffman oder Arnold Schwarzenegger oder David Hasselhoff und die Frauen würden sich mir hingeben. Dann lege ich mich ins Bett, denn unmittelbar nach dem Kino kann ich das am besten träumen. Und dann masturbiere ich.

Eine Zeitlang bin ich in den Puff gegangen. Das waren die schönsten Stunden in meinem Leben.

Die Frauen haben mich selbstverständlich mit aufs Zimmer genommen, haben sich ausgezogen, und ich durfte mit ihnen schlafen. Manche haben es mit den Händen gemacht, dann habe ich gesagt, ich wolle es richtig. Da mußte ich dann aber jedesmal tausend Mark zahlen. Ich verdiene ja nicht soviel, muß meiner Mutter auch Geld abgeben für Wohnen und Schlafen.

Ich habe mein Auto verkauft, damit ich weiter ins Bordell gehen konnte. Dann habe ich bei der Bank Geld aufgenommen. Alles habe ich in dem Bordell ausgegeben. Eine dort, die Lulu, die hat mich dann immer mit aufs Zimmer genommen. Die Lulu ist ganz hellblond, sie sieht aus wie die Mädchen in ›Tuttifrutti‹, sie sieht super aus. Aber sie ist scharf aufs Geld und hat mir alles abgenommen, das ganze Darlehen von der Bank. Zuletzt mußte ich jedesmal zweitausend Mark bei ihr bezahlen. Dann durfte ich länger bleiben.

Weil ich das Geld nicht schnell genug zurückgezahlt habe, hat die Bank meinen Lohn gepfändet. Mein Chef wollte mich rauswerfen. Da habe ich ihm ehrlich gesagt, wofür ich das Geld ausgegeben habe. Mir war alles egal, er hätte mich auch erschießen können oder sich totlachen über mich. Aber der Chef hat mich nur angesehen und gesagt, ich täte ihm leid. Ich könnte bleiben, solle das mit dem Puff aber aufhören. Dann solle ich doch lieber in die Peep-Show gehen oder in einen anderen Puff, wo es billiger wäre. Die Lulu, die gehöre ja ins Gefängnis, so wie die mich ausgenommen hätte. Aber das versteht der nicht. Das versteht

keiner. Die Lulu ist nicht schlecht. Sie verkauft sich halt, solange sie jung ist. Sie sagt, zu verschenken hat sie nichts, ihr
schenkt auch keiner was. Das kann ich verstehen, und wenn
sie sich mit einem wie mich ins Bett legt, dann kann ich ihr
das im Grunde auch nicht bezahlen.

Ich hasse mich. Weil ich immer nur an Sex denken kann.
Ich könnte bei der Lulu ständig kommen, die Lulu ist auch
ganz erstaunt. Sie weiß nicht, wie schrecklich das ist für
einen, den keine will, vor dem es jede Frau ekelt. Die Lulu
ekelt sich nicht, sie denkt an die zweitausend Mark.

Jetzt kann ich lange Zeit nicht hingehen. Ich habe achtzehntausend Mark Schulden. Ich kann mir kein Kino mehr
leisten, nur noch Fernsehen bei meiner Mutter. Sie ist jetzt
fast immer bei ihrem Freund. So kann ich vor dem Fernseher
masturbieren, wenn spätabends was Scharfes mit schönen
Frauen kommt.

Ein gutes Leben ist das nicht. Ich möchte, ich wäre nicht so
potent. Wenn das ginge, würde ich mich sofort operieren lassen. Dann hätte ich meine Ruhe und müßte nicht ständig an
nackte Frauen denken und an Lulu. Die kann ich nicht mehr
bezahlen. Ich schiebe jede Menge Überstunden auf dem Bau.
Aber an den achtzehntausend Mark werde ich noch lange
abzubezahlen haben.«

Heike, 31, Verkäuferin, verheiratet, 1 Kind,
Ehemann Bundesbahnbeamter

»Vor dem Verkehr habe ich Angst«

»Seit ich denken kann, habe ich Scheu, ja Angst vor Sex.
Und inzwischen weiß ich auch, woher das kommt. Ich habe
noch nie mit jemandem darüber geredet. Aber hier bin ich

ja anonym. Und Zorn hab' ich schon, denn ich glaube, daß ich deshalb nicht normal bin. Man liest jetzt so viel über sexuellen Mißbrauch von Kindern. Mir ist das auch passiert. Meine Mutter war oft krank, im Krankenhaus. Dann mußte ich immer bei meinem Vater im Bett schlafen. Und er hat mich gestreichelt. An der Brust, zwischen den Beinen. Wenn es weh tat, habe ich geheult. Dann hat er mir Schokolade gegeben und gesagt, ich dürfe es nie jemandem sagen. Das hätte er gar nicht zu sagen brauchen. Ich wäre ja lieber gestorben, als es jemandem zu sagen. Als ich älter wurde, ihn abwehren wollte, wurde er immer schlimmer. Er rieb seinen Penis in mir, bis er kam. Er schwitzte und stöhnte immer so, seine Haare waren ganz naß. Als ich klein war, dachte ich, daß er krank sein müsse. Später ekelte ich mich.

Als es damit losging, daß sich Jungen für mich interessierten, war ich für ihn nur noch die Nutte. Da hab' ich ihm gesagt, daß ich alles meiner Mutter erzähle, wenn er mich nicht zu meiner Oma läßt. Ich habe ihm dann sogar mit der Polizei gedroht. Ich durfte dann zu meiner Oma ziehen, auch meine Mutter war dafür. Ich glaube, sie ahnte so allerhand. Aber wir haben nie darüber geredet. Sie ist jetzt tot, mein Vater ist Frührentner und kann kaum noch gehen. Manchmal ruft er mich an und weint. Aber ich hasse ihn so, ich hab' kein Mitleid. Soll er sterben. Mir wär' das sogar lieber. Dann wüßte niemand außer mir, was los war.

Meinen ersten ›richtigen‹ Freund hatte ich mit achtzehn. Er wollte schmusen, ich wollte das auch, aber wenn er anfing, mich intim zu streicheln, dann sah ich immer die Bilder von früher. Das war so ein Ekel, ich hätte schreien können. Ich bekam Angst vor seinem Körper, vor meinem auch. Mein Freund verstand meine Angst nicht. Ich konnte ihm nichts von früher sagen. Bis heute nicht. Aber er blieb bei mir. Er ist zehn Jahre älter als ich und kommt aus einer kinderreichen Familie. Er sagt, er habe nie Zärtlichkeit bekommen. Bei ihm ist es aber so, daß er trotzdem ganz verschmust ist, stundenlang zärtlich sein kann. Ich glaube, dadurch hat er mir geholfen. Jedenfalls war ich zwei Jahre nach der Hochzeit schwanger. Das war komisch, das erste Mal beim Frauenarzt. Er zeigte mir in einem Spiegel, wie das unten bei mir aussieht. Ich hab' so getan, als interessiere ich mich dafür, habe aber gar nicht richtig hingesehen. Das war mir so unangenehm, obwohl der Arzt sehr feinfühlig ist.

Küssen mag ich gern, auch Streicheln, aber vor dem Verkehr habe ich Angst. Deshalb habe ich auch nie Lust dazu, im Gegenteil, es wäre mir am liebsten, wir bräuchten das gar nicht. Das macht meinem Mann zu schaffen. Er hatte vor unserer Ehe auch keine ›richtigen‹ sexuellen Erfahrungen. Und er ist ganz süchtig danach. Oft bringt er mir Artikel über Orgasmus und all das Zeug, er kauft sich den *Playboy*, kauft Pornohefte.

Mich ekelt das alles an. Für mich müßte das verboten werden. Auch Sexfilme und Bücher. Sie machen mir angst. Beweisen mir, daß ich keine richtige Frau bin, nicht normal. Dann hab' ich mal versucht, meinem Mann was vorzuspielen, so mit Stöhnen und so. Da war mir ganz schlecht. Ich habe nur Angst, daß mein Mann eines Tages weggeht von mir. Vielleicht weil er eine Frau gefunden hat, die normal ist.«

Elias, 44, Optikermeister, verheiratet, 1 Kind,
Ehefrau Erzieherin

»Ein lausiger Liebhaber, völlig verklemmt«

»Wenn meine Frau mich nicht anschwindelt, hat sie immer einen Orgasmus, wenn wir zusammen schlafen. Entweder

›kommt‹ sie, wenn ich sie mit der Zunge errege oder wenn ich ihre Klitoris mit der Hand streiche. Manchmal schaffe ich es auch, wenn ich beim Verkehr lange genug den Penis gegen ihre Klitoris drücke.

Ich habe lange gebraucht, bis ich soweit war. An meinen ersten Versuch in Sachen Sex darf ich gar nicht denken. Es war entsetzlich aufregend und entsetzlich enttäuschend. Ich war hochexplosiv, ›kam‹ sofort, eine Riesenblamage. Ich brauchte das Mädchen gar nicht zu fragen, ob sie auch ›gekommen‹ war, denn es war klar, daß sie dazu keine Chance hatte. Es war ihr aber Wurscht. Sagte sie wenigstens. Ich war sehr erleichtert, daß sie alles so kumpelhaft nahm.

Orgasmus, ob klitoral oder vaginal, das war für mich ein Thema, das etwas mit Sigmund Freud zu tun hatte. Mit mir nicht so viel. Ich war ein lausiger Liebhaber, völlig verklemmt. Meine ersten Freundinnen haben bei mir ganz bestimmt keinen Orgasmus erlebt. Bei meiner ersten großen Liebe war es dann allerdings anders. Ich wollte unbedingt, daß es ihr auch so gutgeht wie mir. Geschafft haben wir das aber nicht. Das war für mich wie eine Niederlage. Ich fühlte mich als Versager, fühlte mich impotent. Ich zweifelte an mir, empfand es als Zumutung für sie, mit mir zu schlafen. Das war meine schlimmste Zeit.

Es hat mir auch weh getan, mich von dem Mädchen zu trennen. Ich habe es aber getan, weil ich den Sex so demütigend und enttäuschend empfand.

Im Laufe der Zeit habe ich aber Fortschritte gemacht. Es gibt sicher Dinge beim Sex, die ich nicht tue, aber es gibt noch mehr Dinge, die ich sehr gern tue. Ich bin offen für alle Experimente. Aber auf bestimmte Stellungen bin ich nicht fixiert. Ich hoffe immer, daß sich das aus der Situation ergibt — am liebsten jedesmal etwas anderes. Ich habe Frauen erlebt, die gleichgültig sind in sexueller Beziehung, denen

Sex keinen Spaß macht. Was soll man als Mann da machen? Doch die meisten Frauen sind ungemein zärtlich. Da ist es egal, ob es zu einem Quickie kommt oder ob Zeit ist, die Lust lange auszuleben. Mit Zärtlichkeit ist Liebemachen immer toll.

Ich habe auch sexuelle Phantasien, die durchaus einen Bezug zur Realität haben. Ich bin angenehm verheiratet, uns geht es gut im Bett, oft sogar sehr gut, trotzdem träume ich von dieser oder jener Frau.

Sexualität hat in meinem Leben einen sehr hohen Stellenwert. Auch Treue finde ich lohnend. Wenn man sich auf eine Frau konzentriert, wird die Liebe nicht langweiliger, sondern im Gegenteil immer differenzierter und reicher. Ich glaube, ein Leben reicht gar nicht aus, um alles auszuleben, was wirkliche Liebe an sexueller Vielfalt hervorruft.«

Corry, 21, Schwesternhelferin, verheiratet

»Ich muß tun, was er will«

»Warum ich geheiratet habe – keine Ahnung. Das klingt bescheuert, wenn man weiß, daß ich ja erst zwei Jahre verheiratet bin. Ich wollte auch gar nicht heiraten, der Martin wollte das unbedingt. Er ist schon dreißig, und er hat gedacht, daß er keine abkriegt. Er tut sich ja schwer mit der Sexualität. Das war bei uns immer so, von Anfang an. Aber mir war es egal, ich wollte nur schmusen, mir bedeutet Sex nicht soviel. Und vor zwei Jahren war ich gerade so fertig im Beruf, da war dauernd soviel los, ich konnte einfach keine Klinik mehr sehen, den Geruch nicht mehr aushalten. Martin hat gesagt, ich hol' dich da raus. Wenn du nicht willst, mußt du überhaupt nicht arbeiten, hat er gesagt. Martin ist

Versicherungsvertreter, er verdient sehr gut, kann gut mit Leuten reden. Alle mögen ihn, haben Vertrauen zu ihm. Martin hat so eine lange Nase und eine Brille, er sieht dadurch so traurig aus und so lieb. Bin ich ja auch drauf reingefallen. Denn er ist überhaupt nicht lieb. Überhaupt nicht. Aggressiv ist der, und wie. Zweimal hab' ich schon Schläge bekommen. Ich glaube, der läßt seine innere Wut an mir aus, daß er keine Erektion kriegt. Und wenn er eine hat, dann ist sie in Null Komma nichts wieder weg, noch bevor er den Samenerguß hat.

Aber dafür kann ich doch nichts. Sage ich ihm auch immer. Denn ich weiß, daß er es noch mit keiner anderen Frau besser gekonnt hat. Mich hat er nur geheiratet, weil ich gesagt habe, daß ich sowieso keine Lust hab' zum Sex und daß mir Schmusen viel wichtiger ist. Ich glaub' jedenfalls, daß es so ist. Warum hätte er sonst so drängen sollen?

Ich finde nicht, daß ich besonders gut aussehe. Ich bin klein, ein bißchen mollig, habe blonde Haare, die auch nicht gerade üppig sind. Also, wenn ich mich richtig zurechtmache, wenn ich es darauf anlege, kann ich schon was aus mir machen, aber nur dann.

Martin will immer, daß ich mich toll anziehe. Er will mir vorschreiben, was ich mir kaufe, was ich anziehe. Alles will er bestimmen. Auch wenn ich die Sachen von meinem Geld kaufe. Ich arbeite seit der Hochzeit halbtags in einer Boutique. Ich verstehe was von Mode, bestimmt mehr als der Martin. Aber der will immer so schräge Sachen, so glänzende, bestickte Sachen, so was trägt doch kein vernünftiger Mensch, das ist doch was für Spießertanten.

Bei uns gibt es eigentlich nur noch Streit. Martin hat auch gar keine Lust mehr, mit mir ins Bett zu gehen, mich zu streicheln oder sich von mir streicheln zu lassen. Er ist nur noch vor dem Fernseher anzutreffen, da trinkt er sein

Bier wie ein uralter Ehekrüppel, immer nur die Sportschau, sonst interessiert ihn sowieso nichts. Und ich gehe ins Bad, dusche, pflege mich und dann hätte ich schon Lust. Also nur, wenn wir nicht gerade gestritten haben, dann hab' ich auch keine Lust. Aber sonst, wenn alles einigermaßen läuft, dann hätte ich es schon gern, wenn Martin wieder mit mir schmusen würde.

Jetzt mache ich es seit einiger Zeit selber. Das ist an sich nichts Besonderes, ich hab' das schon als Kind gemacht und immer. Aber wenn ich es jetzt mache, ist es anders. Ich pflege mich vorher, benutze Parfum, es macht mich irgendwie frei und selbstbewußt, es zu tun. Ich genieße es.

Einmal war ich so versunken, daß ich gar nicht gemerkt hab', daß Martin ins Schlafzimmer gekommen war. Da hat er mich zum erstenmal geschlagen. Wahrscheinlich, weil bei ihm nichts geht. Er kann nicht einmal beim Masturbieren kommen, oder nur ganz selten. Irgendwie muß der sehr gestört sein. Vielleicht durch seine Kindheit oder so. Ich weiß nur, daß er noch sechs Geschwister hat und daß die Eltern eine richtige Akademikerfamilie haben wollten. Alle Kinder sollten studieren. Hat Martin aber nicht gemacht. Er ist nach der mittleren Reife abgegangen und hat bei einer Versicherung angefangen. Martin ist ein richtiger Computerfreak. Damit verdient er nebenher noch Geld, weil er so Programme entwirft für seine Firma, die kriegt er noch extra bezahlt.

Aber von seiner Kindheit erzählt er eigentlich nie was. Die Eltern habe ich nur bei der Hochzeit gesehen. Sie waren sehr herablassend zu mir. Ich bin ihnen auch nicht gut genug, eine Schwesternhelferin, was ist das schon. Von den Geschwistern waren zwei da, eine Schwester und ein Bruder, die waren eigentlich nett.

Warum der Martin sich so schwer tut mit der Sexualität,

das weiß ich also auch nicht. Mich hat auch niemand richtig aufgeklärt. Alles, was ich so weiß, habe ich früher in Heftchen gelesen oder von anderen Mädchen gehört. Mir hat Sexualität nie Probleme gemacht. Auch nicht, daß ich keinen Orgasmus hatte mit einem Mann zusammen.

Martin war ja nicht mein erster Mann. Ich hab' schon früh angefangen mit der Flirterei und so. Mir hat das alles immer viel Spaß gemacht. Dabei war es mir eigentlich egal, was passiert ist. Ob der Mann nun mit mir rumgeschmust hat oder ob er ›richtig‹ mit mir geschlafen hat. Ich kann da nicht so riesige Unterschiede sehen. Die Hauptsache ist doch, man ist zusammen, ganz eng, kann sich gut leiden, gut riechen, gut anfassen. Das ist doch himmlisch manchmal, wenn man so richtig gut drauf ist. Auch mit dem Stöhnen und so. Wenn ein Mann so auf mir ausflippt, das gefällt mir schon sehr gut, da wird mir ganz warm, ich kann dann auch mit ihm ausflippen, wenigstens manchmal.

Ich habe natürlich gedacht, bei Martin und mir kommt das alles auch noch. Ich dachte, daß Martin halt aufgeregt sei und daß sich das schon legen würde. Anfangs hat er auch gelogen. Er hat mir gesagt, bei seinen früheren Freundinnen habe er nicht diese Schwierigkeiten gehabt wie mit mir. Das habe ich ihm lange übelgenommen, denn ich wußte es besser. Ich habe nämlich Briefe gefunden, rein durch Zufall, wirklich. Briefe, die Martin aufgehoben hat und die von anderen Frauen stammten, mit denen Martin vor unserer Ehe zusammen war. Alle haben von den sexuellen Schwierigkeiten gesprochen. Ich hab' Martin gesagt, daß ich die Briefe gefunden und gelesen habe. Da hat er mich wieder geschlagen.

Irgendwie hab' ich das schon verstanden. Ich hätte die Briefe nicht lesen sollen. Aber warum hat er mich auch belogen? War das weniger schlimm? Er wollte mir doch einreden, daß ich daran schuld sei, daß es bei ihm nicht klappt. Das ist doch gemeiner als Briefe lesen, oder?

Martin bringt es noch soweit, daß ich auch keine Lust mehr habe, mit ihm zusammenzusein. Er ist so aggressiv. Ich glaube, der schluckt tagsüber alles und am Abend kriege ich es ab. Wenn ich ihm nur einmal zu widersprechen wage, brüllt er mich an. Oder er ist tagelang sauer, spricht kein Wort mit mir, tut, als gäbe es mich nicht. Aber er sagt mir nicht, warum. Manchmal glaube ich, er will mich los sein, er bereut es, mich geheiratet zu haben. Ich fühle mich ja auch nicht gut. Irgendwie ist es, als sei ich gefangen in einem Käfig. Ich darf nicht mein eigenes Leben führen. Darf nur daheim sitzen und warten, bis Martin zurückkommt. Er kann es nicht ausstehen, wenn ich nicht daheim bin. Nicht mal ins Kino soll ich ohne ihn. Sprachen soll ich lernen, sagt er, an mir arbeiten.

An seinem Geburtstag haben wir uns mal wieder versöhnt. Ich habe ein Menü gekocht, drei Gänge, den Tisch festlich gedeckt, mich sorgfältig zurechtgemacht. Da war Martin wieder nett, wir sind ins Bett gegangen, haben gelacht und geschmust wie am Anfang. Ich habe Martin gestreichelt, überall, eine Zeitlang hatte er auch eine Erektion, aber als er sich dann auf mich gelegt hat und in mich eindringen wollte, war es wieder nichts. Da ist er so aggressiv geworden, so gemein, da bin ich abgehauen.

Martin hatte gedacht, ich sei lediglich ins Bad gegangen, da bin ich auch hin, hab' geduscht, mich neu geschminkt. Dann habe ich nachgesehen, was Martin macht, er schlief fest, schnarchte.

Das machte mich noch wütender. Erst macht er mich fertig, und dann schnarcht er. Ich bin zum Telefon, habe einen Bekannten angerufen. Einen Mann, den ich in der Boutique kennengelernt habe. Er ist der Bruder meiner Chefin. Er ist fast jeden Tag da, holt für uns Ware vom Bahnhof ab, bringt Kleider zur Änderungsschneiderei. Er hilft seiner Schwester sehr viel, obwohl er Anwalt ist und eine Menge Arbeit hat. Meine Chefin hat keinen Führerschein, und mit mir hat sie das Glück, daß ich auch noch keinen habe. Deshalb kommt der Bruder immer vorbei, und in letzter Zeit kommt er nicht nur deshalb. Ich weiß schon lange, daß er in mich verliebt ist. Mir gefällt er auch. Äußerlich nicht so sehr, er ist eher klein und mollig, wie seine Schwester auch. Ich mag lieber große, hagere Männer, Typen wie Martin eben.

Aber von dem habe ich jetzt genug. Ich habe dem Bruder meiner Chefin am Telefon gesagt, daß es mir schlechtgehe, ob ich zu ihm kommen könne. Der hat sich vielleicht gefreut. Er hat mich abgeholt, das heißt, ich bin ihm bis zur nächsten Straßenecke entgegengegangen. Ich hatte nicht die Spur von schlechtem Gewissen. Im Gegenteil. Ich hab' mich gut gefühlt. Schließlich hatte ich mich lange genug heruntermachen lassen.

Ich war so aufgewühlt und so anlehnungsbedürftig, daß ich noch im Auto in Tränen ausgebrochen bin. Andreas hat sofort angehalten, hat mich in die Arme genommen und hat mich geküßt. Und auf einmal hab' ich ihn auch geküßt wie verrückt. Als ob ich ausgehungert wäre. Andreas ist ganz schnell gefahren, wir sind die Treppen hinaufgerannt, wie kleine Kinder. Ich bin mit ihm ins Bett gegangen, und das war für mich, als wenn ein Damm gebrochen wäre oder so was.

Ich bin nicht mehr zu Martin zurückgegangen. Er droht mir, ruft bei Andreas an, droht auch ihm. Aber Andreas ist ruhig und vernünftig. Er fühlt sich so glücklich, er könnte der ganzen Welt alles verzeihen, sagt er. Ich bin bei ihm geblieben. Andreas hat irgendwann gemeinsam mit seiner Schwester meine Sachen aus unserer Wohnung geholt. Nur Kleider und Toilettenartikel. Sonst wollte ich auch nichts.

Martin hat dann die Scheidung eingereicht. Mir eilt es nicht. Ich mache keine Pläne. Ich genieße es, einen Freund zu haben, der mich wirklich liebt. Es läuft alles so normal ab, so stinknormal. Wir schmusen, und dann schlafen wir zusammen, basta. Keine Ängste mehr, keine Vorwürfe, keine Lügen. Martin tut mir nur noch leid. Hoffentlich geht er in eine Therapie oder so was. Aber mich geht es nichts an. Die zwei Jahre mit ihm haben mir gereicht.«

Amelie, 40, Anästhesistin, verheiratet, 2 Kinder,
Ehemann Chemiker

»Manchmal berühren sich nur unsere Zehen«

»Meine sexuelle Aufklärung habe ich mir auf der Straße geholt. Masturbiert habe ich auch. Aber heimlich. Nicht nur, weil ich Angst hatte, ertappt zu werden. Ich weiß noch heute, daß ich wollte, daß diese schöne Sache mir alleine gehört. Die anderen ging das nichts an. Ich hatte immer einen Orgasmus, ohne zu wissen, was das ist.

Später, als ich die ersten sexuellen Erfahrungen mit Männern machte, hat mir das ungemein geholfen. Ich war spät dran, war bereits zwanzig Jahre alt. Zwei Semester Medizin hatte ich schon hinter mir, sogar die Pille nahm ich, obwohl ich noch Jungfrau war. So im Sinne von ›man kann ja nie wissen‹. So war das ›erste Mal‹ schön für mich. Ohne Angst, warm, liebevoll. Der Junge brachte mir sogar am nächsten Tag Blumen. Einen Orgasmus hatte ich beim erstenmal nicht, das konnte ich dank meiner frühkindlichen Praxis beurteilen. Mit meinem zweiten Freund klappte das dann, obwohl der gar nicht so recht mein Typ war. Doch er war unglaublich potent und erfindungsreich, ich bekam bereits bei unserem ersten Zusammensein einen Orgasmus.

Ich will unbedingt einen Orgasmus. Immer. Egal, ob klitoral oder vaginal. Ich nehme die Regie gern in die Hand, damit auch alles so verläuft, daß mein Orgasmus drin ist. Ich übernehme die Bewegungen, die Berührungen, habe es gern, wenn mein Mann sich das auch mal passiv gefallen läßt. Ich finde es auch immer schön, von anderen Männern Dinge zu lernen, die ich noch nicht kenne. Das ›verkaufe‹ ich dann wiederum meinem Mann. Ich liebe oralen Sex, ich mag auch Analkoitus, ich mag gern an allen nur möglichen Stellen erregt werden. Man muß es mir nur ›gut verkaufen‹, dann bin ich für alles zu haben. Ich will immer Mitspracherecht.

Manchmal habe ich überhaupt keine Lust. Und dann geht auch nichts. Sexuelle Träume dagegen habe ich oft und gern. Ich kann mich dann gar nicht erinnern, von wem ich eigentlich geträumt habe, aber es ist ein wahnsinnig starkes, lustvolles Gefühl.

Ich finde meine Situation überhaupt toll, so wie sie jetzt ist. Das Kinderkriegen habe ich erledigt. Die Verhütung habe ich allein im Griff. Meine Periode ist nicht mehr − wie früher − schmerzhaft. Ich fühle mich selbstbewußt. Und ich habe keinerlei Erwartungshaltung. Ich kann nach einer Liebesnacht sagen: So, das war es jetzt. Das ist wohltuend. Für mich ist wichtig, daß wenigstens beim Sex nichts mehr zwanghaft abläuft. Auch zwischen meinem Mann und mir. Manchmal schlafen wir jeden Tag zusammen, manchmal berühren sich abends nur unsere großen Zehen. Lange Zeit war das schwierig für mich. Ich maß unsere Zuneigung tatsächlich an der Häufigkeit, mit der wir Liebe machten. Heute mache ich keine Strichlisten mehr, heute genieße ich es, wie es kommt.«

Dany, 27, Reisebürokauffrau, lebt mit ihrem
Freund zusammen

»Ekstase ja — Orgasmus nein«

»Einen vaginalen Orgasmus hatte ich noch nie. Einen klitoralen schon, den hab' ich mir als Kind schon mit meinem Teddy gemacht. Und wenn mein Freund meine Klitoris streichelt, egal, ob mit der Hand oder mit der Zunge, dann habe ich auch einen Orgasmus. Oder jedenfalls meistens. Den vaginalen, von dem so viel Wunderbares berichtet wird, den kenne ich nicht. Dafür erlebe ich etwas anderes, etwas, das ich kaum beschreiben kann. Es kommt ganz selten, läßt sich nie vorhersagen, läßt sich auch nicht ›machen‹, wie der Orgasmus. Ich glaube, es passiert im Kopf.

Was ich meine, ist die Ekstase. Es ist unglaublich, fast unbeschreiblich. Und es ist mir auch nur mit meinem jetzigen Freund passiert. Nie vorher. Vorher — das war für mich eine ziemlich normale Entwicklung. Frühes Knutschen, mit achtzehn zum erstenmal ›alles‹. Ich hatte längere Affären und kurze, angenehme, verrückte, lahme, enttäuschende, nichtssagende.

Hier, in meinem Freund, hab' ich etwas für mich Neues, Tiefes, auch Schmerzliches gefunden. Ich bin so auf ihn angewiesen. Wenn ich ohne ihn verreise (oder er ohne mich), bin ich unruhig, sehnsüchtig, eifersüchtig. Dabei geht es uns durchaus nicht immer gut. Wir streiten total viel, sind grundverschieden. Er leitet die Bibliothek am Ort, ist sehr belesen. Äußerlich vielleicht eher unauffällig, aber er ›hat so was‹, jedenfalls für mich. Ich bin eher ein schlichtes Gewächs, kaufe mir viele und teure Klamotten, gehe gern in Kneipen, bin eitel.

Aber alles, was mit Liebe und Sex zu tun hat, das ist für

mich jetzt nur noch mein Freund. Ich würde derzeit nicht mit einem anderen ins Bett gehen. Wenn ich drauf käme, daß mein Freund mich betrügt, ich glaube, ich würde durchdrehen. Doch ich bin meistens sicher, daß er nur mit mir schläft. Ich hab' schon großes Vertrauen. Vielleicht kann ich mich deshalb so gehenlassen, fallenlassen. So ruhig er auch erscheint – beim Lieben verändert er sich. Und er mag es, wenn ich wahnsinnig erregt bin und ihm das sage oder es ihn spüren lasse. Und manchmal, dann bin ich tatsächlich außer mir. Es passiert vielleicht alle paar Monate einmal, und dann ist es, als schreie etwas aus mir heraus. Als sei ich nur noch Schreien, Keuchen, Toben. Mein Körper entwickelt enorme Kraft, ist wie ein gespannter Bogen. Ich scheine von innen zu verbrennen. Ab einer bestimmten Phase nehme ich dann nichts mehr konkret wahr, bin nur noch Erregung, offen für alles, was sexuell denkbar ist. Und wenn ich dann endlich wieder zurückkomme, klammere ich mich an meinen Freund, denn durch ihn passiert mir ja alles, ich liebe ihn dann unglaublich tief, absolut. Einen Orgasmus habe ich dabei nie, das weiß ich sicher. Ich fühle mich dann knochenlos, in einer schönen Erschöpfung.«

Volker, 47, Gymnasiallehrer, verheiratet, 2 Kinder, Ehefrau Grundschullehrerin

»Es prickelt wie Eis in den Fußsohlen«

»Es war auf der Frankfurter Buchmesse. Ich fuhr dahin mit meiner Freundin, einer Buchhändlerin. Sie war 21, ich 17. Wir hatten ein Zelt und campten auf einem Platz am Main. Meine Freundin und ich hatten noch nie miteinander geschlafen. Wo auch? Damals ging es ja nirgends. Zu Hause wurdest du kontrolliert, in ein Hotel konnte man auch nicht so ohne weiteres – also Zelt. Zur Sicherheit hatten wir Kondome mit, die man damals ›Pariser‹ nannte. Ich war ziemlich aufgeregt, meine Freundin jedoch blieb souverän. Als ich nach vollbrachter Tat das Kondom über den Zaun in den Main werfen wollte, blieb es zu meiner tiefen Scham wohl gefüllt oben im Zaun hängen. Direkt neben unserem Zelt, aber unerreichbar für mich.

Das Kondom war für mich ein Muß. Mein Bruder hatte als Vierzehnjähriger mit unserem Dienstmädchen ein Kind gezeugt. Es war eine Katastrophe, die ich nicht wiederholen wollte.

Orgasmen? Ich habe meine Freundinnen nie gefragt, ob sie einen hatten. Ich frage auch meine Frau nie danach. Ich frage natürlich, ob sie Spaß hat, ob es ihr gutgeht. Wir probieren alles aus, was uns in den Sinn kommt, auch Massagestäbe. Da ist zumindest der klitorale Orgasmus schnell da. Nach meiner Erfahrung sind die meisten Frauen ohnehin auf den klitoralen Orgasmus angelegt. Auf das Penetrieren sind sie gar nicht so wild. Sie wollen ungeheuer gern gestreichelt werden. Das ist für mich auch das Wichtigste.

Ich selber errege meine Frau gern mit der Zunge, weil das Vertrauen und Intimität voraussetzt und schafft. Ich habe es auch sehr gern, wenn sich eine sexuelle Begegnung wie rein zufällig entwickelt. Wenn man eigentlich schon schläft und plötzlich aus dem Dunkel heraus die Nähe des anderen spürt und ihn begehrt. Wenn Sex sich ganz absichtslos entwickeln kann, das macht mir Lust. Ich bin eher aktiv beim Sex als passiv, vor allem beim oralen Sex. Wenn ich einen richtig guten Orgasmus habe, dann ist es, als würden meine Fußsohlen mit Eis geduscht. Ich hebe ab, es prickelt wie Eis in den Fußsohlen.

Was ich nicht mag, ist irgendein Zwang beim Sex. Pflicht.

Ich glaube auch nicht, daß Frauen, wenn sie Vergewalti-
gungsphantasien haben, die in der Realität erleben wollen.
Man will höchstens von seiner Phantasie vergewaltigt werden. Ich jedenfalls mag nicht gern weh tun. Ich mag es auch
bei mir selber nicht gern, wenn es weh tut.

Früher fand ich es toll, im Freien Liebe zu machen. Wenn
es sich beispielsweise aus einem Spaziergang entwickelt hat.
Im Urlaub schlafen meine Frau und ich jeden Tag zusammen, manchmal morgens und abends. Normalerweise hat
man viel zu wenig Sex. Der Alltag streßt einen, so daß wir
manchmal eine Woche nicht zusammen sind.

Ich habe sexuelle Phantasien, erotische Träume. Sex
bedeutet mir viel. Ich kann mir vorstellen, daß sich das einmal ändert. Als ich jung war, hatte ich bis zum Ende der
Pubertät überhaupt keine sexuellen Wünsche. Vielleicht
reguliert sich das im Alter dann auch wieder. Ich finde es
wunderschön, wenn man sich sexuell treu sein kann. Der
andere ist ja nicht mein Eigentum, und man selber ist ja
auch nicht Eigentum des anderen. Es liegt auch ein Reiz
darin, um den anderen Angst zu haben. Was ich meine, ist,
daß man nicht das Gefühl hat, Besitz des anderen zu sein,
oder den anderen ungefährdet zu besitzen. Daß man freiwillig treu ist, aus dem eigenen Wunsch heraus.«

Hanna, 34, Sozialarbeiterin, geschieden, lebt allein

»Er will, daß ich endlich einen Orgasmus bekomme«

»Ich habe Probleme mit dem Orgasmus. Oder besser, mein
Freund hat Probleme mit dem Orgasmus, den ich nicht kriege. Es ist kompliziert mit mir.

Mit 19 habe ich geheiratet. Ich war damals unscheinbar,

kurzsichtig und litt an Magersucht. Meine Eltern paßten gar nicht zu mir. Beide waren groß, schlank und gutaussehend, meine Mutter ist noch heute eine schöne Frau. Nur ich hatte schon in der Vorpubertät Probleme mit der Haut, wegen meiner Magersucht hatte ich auch lange die Periode nicht. Obwohl ich eigentlich nur Probleme hatte, fand ich einen Freund, der mich mochte. Er war 25, studierte Forstwirtschaft und sah eher gut aus. Ich konnte es gar nicht fassen, daß er was an mir fand. Vielleicht habe ich aus Erstaunen darüber so rasch geheiratet. Vielleicht wollte ich auch von daheim weg, wo alle so schön und so erfolgreich waren, wo ich mit meinen Pickeln sowieso nicht hinpaßte.

Meine Ehe klappte erstaunlich gut. Ich mochte es gern, wenn mein Mann mit mir schmuste, wenn er mit mir schlief. Sehr dynamisch war das nicht, aber es tat mir gut. Ich überwand sogar meine Magersucht. Nach sechs Jahren Ehe trennten wir uns. Mein Mann hatte sich in eine gemeinsame Freundin verliebt. Das tat zwar anfangs weh, aber nicht allzusehr. Mein Mann und ich sind bis heute Freunde, die sich aufeinander verlassen können.

Ich hatte mich im Laufe unserer Ehe verändert. Mein Mann hat mir Selbstbewußtsein gegeben, das Studium machte mir Spaß, meine Eltern unterstützten mich mit Geld. Ich hatte immer öfter Affären, manchmal sogar mehrere Freunde nebeneinander. Ich staunte wieder über mich selbst. Inzwischen war ich nicht mehr dürr, meine Haut war gesund, statt der Brille trug ich farbige Kontaktlinsen. Das Haar färbte ich mit Henna rot. Zum erstenmal im Leben, mit 25, war ich attraktiv. Ich genoß das. Im Bett machte ich alles, was meine Freunde wollten, denn ich wollte es auch. Allerdings hatte ich nie einen Orgasmus. Meine Freunde fragten auch nie danach. Meine Erregung, mein Temperament reichten ihnen offenbar.

Doch jetzt, bei Till, ist es anders. Ich glaube, ich liebe zum erstenmal einen Mann wirklich. Wenn wir miteinander schlafen, beobachte ich ihn regelrecht, denke mir Strategien aus, um ihn aufzuregen. Es gelingt mir auch, und trotzdem ist Till mit mir nicht glücklich. Es frustriert ihn, sagt er, daß ich nie ›komme‹. Er glaubt, daß ich mich allzusehr auf ihn konzentriere, daß ich nicht ich selber bin, daß ich den Sex mit ihm nicht wirklich genieße. Es stört ihn immer mehr. Dabei ist es mir völlig gleichgültig, ob ich einen Orgasmus habe. Ich bin mit Till so glücklich, wie ich es noch mit keinem Mann war. Ich bin permanent erregt, vergesse alles um mich herum. Es bereitet mir höchste Lust, wenn ich sehe, wie seine Erregung zunimmt. Anfangs fand er das auch irre. Aber jetzt sind wir zwei Jahre zusammen, und er will, daß ich endlich einen Orgasmus bekomme. Er experimentiert richtig an mir herum, ich kann es gar nicht genießen. Ich habe immer das Gefühl, daß Till einen Komplex hat, einen Orgasmuskomplex. Ich kann ihn nicht davon überzeugen, daß ich mit ihm glücklich bin. Auch ohne Orgasmus.«

Maximilian, 62, Wissenschaftler, geschieden

»Ich möchte jeden Tag Liebe machen«

»Ich war frühreif. Meine erste Ejakulation habe ich mit acht oder neun Jahren gespürt. Da hatte ich schon einige Doktorspiele hinter mir. Ich habe immer alles, was mit Sexualität zu tun hatte, interessant gefunden. Höchst interessant. Mit zwölf Jahren habe ich mit gleichaltrigen Mädchen Petting gemacht. Selbstverständlich habe ich auch masturbiert. Allerdings immer allein. Meine Freunde, die das in der Runde machten, konnten mich nicht dazu überreden, mitzumachen. Da war ich dann wieder zu eigensinnig.

Von Anfang an habe ich den größten Wert darauf gelegt, daß meine Frau einen Orgasmus hatte. Mich hat nichts so glücklich gemacht und sexuell so aufgeladen, wie wenn ich eine Frau zum Orgasmus gebracht habe. Wenn sie mir zeigte, daß es bei ihr ›losging‹, hat mich das unglaublich angemacht. Es kann sein, daß einige Frauen mir den Orgasmus vorgespielt haben. Na und? Ich habe niemals nachgefragt. Wenn eine Frau naß ist in der Vagina, muß sie durch den Orgasmus nicht unbedingt noch nasser werden. Warum soll ein Mann das prüfen? Wozu? Ist das nicht demütigend für die Frau?

Ich habe immer nur mit Frauen geschlafen, die ich gut kannte und liebte. Von denen ich glaubte, daß auch sie mich liebten. Ich habe ein starkes Zärtlichkeitsbedürfnis und könnte meine Partnerin stundenlang streicheln. Dann ist sie auch vorbereitet auf den Beischlaf. Man ist erregt, man sagt sich wunderbare Sachen, ist völlig verrückt. Ist es da so wichtig, ob das nun ein echter oder ein gespielter Orgasmus ist? Ein vaginaler oder ein klitoraler? Das war noch nie ein Thema für mich. Vielleicht ist es feministisch gesehen ein Thema. Auch nach meinem medizinischen Wissen scheint die Klitoris zu entscheiden, ob ein Orgasmus stattfindet oder nicht. Wo ihn die Frau dann stärker spürt, gut, darüber kann man sich sicher stundenlang unterhalten. Muß man aber nicht.

Ich bin auch nicht fixiert auf eine bestimmte Art des Beischlafs. Das ist von Frau zu Frau verschieden. Keine Liebe gleicht der anderen. Dabei ist es zweitrangig, ob ich nun Fellatio praktiziere oder sonstwas. Ich mag die Missionarsstellung am liebsten, Mann oben, Frau unten, aber ich richte mich durchaus nach den Wünschen meiner Frau. Nur Analkoitus lehne ich ab. Das ist nicht ungefährlich und für mein Gefühl unästhetisch.

Bislang hatte ich ein ausgesprochen glückliches und erfülltes Sexualleben. Bei jeder Frau habe ich eine lange Anlaufzeit gebraucht, bis wir miteinander vertraut waren. Ich brauche seelische Übereinstimmung. Ästhetisch schön muß es auch sein. So wie ich kein Fast food esse, mag ich auch keinen Fastsex. Ich fühle mich für den Menschen, mit dem ich zusammen bin, auch verantwortlich.

Sexuelle Erfüllung gehört unbedingt zu meinem Leben. Ohne das wäre ich unglücklich. Ich brauche eine Frau, die bei mir ist, die mir zur Verfügung steht, mit der ich schlafen kann, so oft es geht. Davon bin ich abhängig. Ich bin dann auch von meiner Frau abhängig.

Ich sitze hier im Universitätsbereich, tue hier meine Arbeit. Für das Draußen bin ich gar nicht gemacht. Ohne eine Frau hielte ich das gar nicht aus. Als ich noch verheiratet war, haben wir jeden Tag miteinander geschlafen. Heute habe ich zwar wieder eine feste Beziehung, aber wir leben räumlich getrennt. Da ist es nicht möglich, daß wir uns jeden Tag sehen. Doch wenn es nach mir ginge, ich möchte wieder jeden Tag Sex haben.«

Maria, 56, Aufsicht im Waschsalon, geschieden, 1 Kind

»Beim ersten Mal gab es Schläge«

»Als ich ein Kind war, habe ich nichts erfahren. Sex — das Wort kannte ich gar nicht. Ich glaube, ich habe es zum erstenmal bewußt gehört, als ich schon verheiratet war. Aber ich hab' als Kind schon gesehen, wie die Tiere es machen. Ich bin im Bayerischen Wald großgeworden, auf einem Bauernhof. Da ist man halt mit den Tieren sehr vertraut gewesen. Keiner hat sich was dabei gedacht, wenn die Tiere sich gepaart haben. Wir schauten halt zu.

Die ersten Rumschmusereien habe ich im Tanzkurs erlebt. Da war ich siebzehn. Mir hat das gefallen, aber mehr als Küssen und Anfassen durften wir ja nicht. Meine Mutter hatte mich ledig gekriegt und warnte mich immer. Ich wollte auch wirklich kein nichteheliches Kind haben.

Ich war sehr sportlich. Ein halber Junge. Einmal bin ich balanciert auf schmalen Stämmen, die zum Trocknen ausgelegt waren. Dabei bin ich abgerutscht, so unglücklich, daß ich aus der Scheide geblutet habe. Das war ein wahnsinniger Schmerz, und noch größer war meine Angst. Ich erwähne das nur, weil ich deshalb Schwierigkeiten bekam. Als ich zum ersten Mal mit meinem Mann geschlafen habe, hab' ich gar nicht geblutet. Er glaubte, ich hätte ihn angelogen, als ich ihm sagte, daß ich noch Jungfrau sei und er der erste. Er hat mich vor Wut geschlagen.

Inzwischen weiß ich längst, daß es einen Orgasmus gibt. Und daß das ganz toll sein muß. Doch ich war immer viel zu ängstlich, um Lust zu haben. Ich hatte vom Schlafen mit einem Mann höchst unklare Vorstellungen. Obwohl mein Mann brutal war, heiratete ich ihn doch. Schwanger wurde ich auch ziemlich bald, doch das Kind kam tot auf die Welt. Das zweite ebenso. Da hieß es überall, daß ich kein Kind aufbringen kann. Besonders mein Mann verachtete mich. Doch als er mich wieder einmal schlug, schlug ich instinktiv und kräftig zurück. Ich weiß bis heute nicht, woher ich den Mut nahm. Im Moment dachte ich, jetzt schlägt er mich zusammen. Doch mein Mann ging ohne ein Wort ins Wirtshaus.

Erst mit 37 bekam ich eine Tochter. Ich hatte solche Angst, daß mein Kind wieder sterben könnte, aber diesmal ging alles gut. Mit dem Kind konnte ich schmusen, singen und lachen. Aber nur, wenn mein Mann nicht da war. Er war zwar stolz auf unsere Tochter, die ein sehr hübsches Kind war, doch er war auch ihr gegenüber immer jähzornig. Mal hätschelte er sie, mal brüllte er sie an. Geschlagen hat er sie nie, mich auch nicht mehr. Doch er war oft so unverschämt zu mir, derart beleidigend, daß ich ihn endlich abgewiesen habe, wenn er zu mir ins Bett wollte.

Jetzt bin ich geschieden, lebe mit meiner Tochter allein. Wir verstehen uns gut, sind froh, daß wir frei sind. Ich verdiene in dem Waschsalon nicht schlecht, bekomme auch oft Trinkgeld, wenn ich für die Kunden die Wäsche versorge. Meine Tochter hat als Friseuse ausgelernt und verdient auch Geld, so daß wir gut zurechtkommen. Im Waschsalon sind so viele nette Leute, mit denen ich reden kann, auch studierte Leute, die sind gar nicht von oben herab, sind mir dankbar, wenn ich ihnen den kleinsten Gefallen tue.

Manchmal träume ich von einem Mann, der mich gernhat und den ich gernhaben könnte. Manchmal kommt einer in den Waschsalon, der ist zu mir immer so freundlich und ruhig. Aber dann hörte ich, wie eine Frau ihn mit ›Doktor‹ anredete, und da wußte ich, daß er nicht in Frage kommt. Doch wenn ich von ihm träume, habe ich so ein komisches, krampfartiges Gefühl unten im Bauch, irgendwie schön. Aber dann ist es ja nur ein Traum.«

*Siggi, 23, Maschinenbauer, verheiratet,
Ehefrau Verkäuferin*

»Sie wollte immer nur mir zuliebe«

»Mit uns daheim wurde zwar nicht viel über Sex geredet, aber es gab auch keine Tabus. Meine Eltern sausten nackt in der Wohnung herum. Ich hab' ziemlich früh spitz gekriegt, daß die oft miteinander schliefen. Auch heute noch, wenn ich heimkomme zu denen, habe ich manchmal das Gefühl, daß ich die beiden störe, weil sie gerade was miteinander vorhaben.

Bei meinem ›ersten Mal‹ war ich vierzehn. ›Sie‹ war die Tochter vom Hausmeister und sah so toll aus, daß ich nicht im Traum geglaubt hätte, daß sie was von mir will. Wollte sie aber. Sie war 16 und hatte schon öfter mit Jungen geschlafen. Irgendwann hatte sie mitgekriegt, daß meine Eltern weggefahren waren. Es war ein Sonntag mittags, als sie bei uns klingelte. Ich lag gerade in der Badewanne, wickelte mich aber in ein Handtuch und machte die Tür auf. Sie kam zu mir in die Badewanne und − na ja.

Danach habe ich noch öfter mit ihr geschlafen, auch mit anderen Mädchen. Ob sie einen Orgasmus hatten? Manche taten so, bei anderen wurde davon nicht gesprochen. Ich konnte das gar nicht unterscheiden. Ich habe immer versucht, von dem Mädchen zu erfahren, was sie am liebsten hat. Ich hatte immer rasch eine Erektion und kam auch ziemlich schnell. Das schien aber keine Probleme zu machen. Ich lernte auch, die Sache etwas länger auszudehnen. So richtig verliebt, glaube ich, war ich aber in keines der Mädchen.

Was Liebe war, begriff ich erst, als ich meine Frau kennenlernte. Wir waren beide 19. Angie war (und ist) Verkäuferin. Sie arbeitet in der Boutique eines großen Kaufhauses. Angie ist unheimlich hübsch. Und völlig anders als alle anderen Mädchen, die ich bis dahin kannte. Angie hatte noch niemals Petting gemacht, noch niemals mit einem Jungen geschlafen. Ich konnte es anfangs gar nicht glauben. Als ich sie zum erstenmal küßte und sie streicheln wollte, machte sie sich sofort los. Ich dachte, die Frau will nichts von dir.

Ich war so enttäuscht, ich werde das nie vergessen. Wir waren zu der Zeit nämlich schon oft beim Squash, auch in der Disco. Ich hatte mich immer zurückgehalten, weil ich spürte, daß sie anders war, scheuer. Ihr ganzes Wesen war ein merkwürdiger Gegensatz zu ihrem auffälligen, lässigen Aussehen. Dieses Mädchen begann mich ehrlich zu interessieren. Es genügte mir, daß ich mit ihr Hand in Hand gehen konnte, daß sie es erlaubte, wenn ich den Arm um ihre Schultern legte.

Mit der Zeit wurde sie zärtlicher, offener. Wir streichelten uns, irgendwann durfte ich sie überall berühren, auch unten. Und sie war total feucht. Mensch, dachte ich, das gibt es doch nicht. Möchtest du mit mir schlafen, fragte ich sie, und sie nickte. Aber es ging nicht, es tat ihr weh. Sie wollte es nur mir zuliebe.

Mich interessierte kein anderes Mädchen mehr – ich beschäftigte mich nur noch mit Angie. Ich machte ihr den Vorschlag zu heiraten. Ich wollte unbedingt, daß sie Vertrauen zu mir bekam, denn ich stellte fest, daß Angie wahnsinnige Minderwertigkeitskomplexe hatte. Kaum zu fassen. Sie hatte Komplexe, weil sie Angst vor Sex hatte. Ich wollte wissen, warum, hab' alles aus ihr herausgefragt, ihre Erziehung und so.

Angie hatte strenge, schon ziemlich alte Eltern, die immer ängstlich waren. Sie immer behütet haben, damit ihr nur ja nichts passierte. Angie traute sich nichts zu. Sie ist beim Skifahren ängstlich, obwohl sie technisch gut fährt. Beim Schwimmen traut sie sich nicht raus, dabei schwimmt sie rasch und ausdauernd. Ich selber bin ziemlich sportlich, surfe, fahre Snowboard und so. Bin dabei eher draufgängerisch, deshalb meint Angie, sie passe nicht zu mir, sie würde mich hemmen. Und sexuell fühlt sie sich auch nicht vollwertig, hat ständig Angst, daß ich Mädchen, die sexuell aktiver sind, ihr vorziehen könnte.

Doch daran denke ich nicht mal im Traum. Ich liebe Angie, wie sie ist. Vielleicht gerade, *weil* sie so ängstlich ist. Monatelang habe ich gebraucht, bis Angie zu mir Vertrauen hatte, bis sie von sich aus mehr wollte als nur Schmusen. Irgendwann wollte sie, daß ich mit ihr schlafe. ›Richtig‹, wie sie sagte. Und diesmal tat nichts weh, nur am Anfang ein bißchen, und dann war es für uns beide unheimlich toll. So etwas Schönes und Inniges wie mit Angie habe ich nie erlebt. Ich hätte sie auffressen können vor Liebe. Seit wir verheiratet sind, schlafen wir fast jeden Tag miteinander. Angie will es genauso stark wie ich. Sie sagt, daß sie sich manchmal schon den ganzen Tag darauf freut. Sie hat auch jedesmal einen Orgasmus, oder fast jedesmal. Manchmal streichelt sie sich sogar selber, und ich streichle ihre Brustwarzen. Ich glaube, wir können nie genug voneinander kriegen.«

Gabriele, 40, Volksschullehrerin, verheiratet, 1 Kind

»Mein Mann kann mich jetzt bis zum Orgasmus streicheln«

»Ich weiß genau, daß ich ein unerwünschtes Kind war. Meine Eltern waren miteinander sehr unglücklich, mein Vater machte Schulden, er war ein Zocker. Ich war überall das Schlußlicht, wurde nur beachtet, wenn ich in der Schule hervorragende Noten hatte. Meine Eltern waren immer ganz erstaunt und gerührt, wenn ich Einser brachte, sie hatten es mir wohl nie zugetraut.

Irgendwann hatte mein Vater unser Elektrogeschäft in den Konkurs gewirtschaftet. Es waren nur mehr Schulden da, ich mußte von der Oberschule abgehen, für mich selber einstehen. Bei einem Elektrokonzern arbeitete ich am Band.

Nach zwei Jahren war ich Vorarbeiterin, verdiente gut. Inzwischen waren meine Eltern geschieden, meine Mutter hatte einen Freund, mit dem ich mich nicht verstand. Er verleumdete mich in der Familie, bei meiner Mutter. Ich war damals achtzehn, hatte einen Freund, der nach der Bundeswehr sein Medizinstudium begonnen hatte. Er sah sehr gut aus, war zurückhaltend, leise. Mein Traummann bis heute. Aber ich hatte Angst, bei ihm zu bleiben. Zum Teil aus Minderwertigkeitsgefühlen heraus. Ich arbeitete in der Fabrik, er studierte. Ich kam aus einem kaputten Elternhaus, er hatte eine feine Familie. Ich fürchtete, daß ich nicht attraktiv genug für ihn wäre, daß er mich eines Tages verlassen würde. Ich hatte Angst, Angst, Angst.

In meinem Betrieb gab es unseren Abteilungsleiter, der mich mochte und förderte. Ich besuchte Lehrgänge, machte so eine Art Karriere im Kleinen. Bei einem Betriebsfest wurde ich dem Bereichsleiter vorgestellt. Ich hatte ihn sonst immer nur mal vorbeigehen sehen, wenn er zu meinem Chef wollte. Nach dem Fest lud er mich ein, und bald darauf nahm ich seinen Heiratsantrag an, obwohl ich nicht ihn liebte, sondern nach wie vor meinen Freund.

Auch vor meinem Mann hatte ich Angst. Vor allem im Bett. Ich fand tausend Ausflüchte und hielt ganz still, wenn es nicht mehr anders ging. Ich konzentrierte mich darauf, mein Abitur nachzuholen, ein Pädagogikstudium zu beginnen. Auch als unsere Tochter auf die Welt kam, machte ich weiter mit dem Studium. Mein Mann unterstützte mich, fand überhaupt alles gut, was ich machte. Er bezahlte ein Kindermädchen, das bei uns wohnte.

Sex? Orgasmus? Das waren Dinge, die ich mir mit meinem Freund erträumt hatte, obwohl wir nie miteinander geschlafen, sondern nur schüchtern Petting gemacht hatten. Ich hab' mir so einen Schutz aufgebaut. Ich dachte, wenn ich niemanden liebe, kann ich auch nicht verletzt werden. Auch die manchmal heftige Sehnsucht nach meinem Freund unterdrückte ich. Er hatte sich ohnehin enttäuscht von mir zurückgezogen. Meine Argumente verstand er nicht. Er glaubte, ich wolle ein bequemes Leben.

Nach der Geburt unserer Tochter hatte ich noch mehr Schwierigkeiten, meine sexuelle Unlust zu überspielen. Ich hatte nur noch Angst, Widerwillen, Schmerzen beim Sex. Mein bislang geduldiger Mann wurde jetzt doch sauer, sagte, daß ich frigide sei, frigide und kaputt. Dabei hatte ich mir früher mal gewünscht ... ja, was eigentlich? Ich hatte selbst vor meinen Wünschen Angst gehabt. Ich glaubte bald selbst, daß ich kaputt sei.

Doch während meines Studiums veränderte ich mich. Durch Lektüre, Gespräche mit anderen Frauen an der PH habe ich mich langsam verändert. Ich las alles, was ich über Sexualität und körperliche Sensationen auftreiben konnte. Mein Mann ging sogar mit mir in eine Sexualtherapie. Hier erst habe ich erfahren, daß mein Mann nicht nur ein harter Erfolgstyp ist. Daß er auch weiche, sehnsüchtige Seiten hat. Daß ich mit ihm ganz offen reden konnte. Das hatten wir bislang nie getan. Es war, als lernten wir uns jetzt erst kennen. Auch unsere Körper entdeckten wir. Ich begann, meinen Mann richtig zu sehen, seinen guten Willen, seine starken Gefühle für mich. Ich ließ es zu, daß mein Mann mich streichelte, wie es der Therapeut uns geraten hatte. Nur streicheln, nichts weiter. Irgendwann wollte ich selber mehr. Ich erlebte, wie sehr es meinen Mann erregt, wenn ich sexuell reagiere. Ich streichele mich zum Beispiel, und er sieht zu. Ich glaube, wir haben noch viel vor uns, denn mein Mann kann mich jetzt bis zum Orgasmus streicheln. Es wird immer schöner mit uns, es besteht eine starke, sexuelle Spannung, und ich kann jetzt ohne Angst darauf warten, daß sie sich löst.«

»Ich möchte so gern sexy sein«

»Lust hatte ich eigentlich schon früh. Ich war gerade in der Schule, also zwischen sechs und sieben, da habe ich schon mit anderen Kindern Sexspielchen gemacht. Wir haben uns gegenseitig an den Genitalien berührt, und ich erinnere mich noch genau, daß es toll war. Ich hatte aber schreckliche Schuldgefühle. Das ging sogar so weit, daß ich die anderen Kinder, die mitgemacht hatten, mied. Ich weiß nicht, ob diese Schuldgefühle von meiner streng katholisch geprägten Erziehung herrührten. Du sollst nicht Unkeuschheit treiben. Meine Oma hat mich mal erwischt, als ich mit Kindern im Urlaub Doktor spielte. Oma schlug mich auf den nackten Hintern. Ich weiß noch, daß mich diese Schläge sehr verwirrten, verunsicherten, vor allem beschämten.

Mein Vater hat angeblich meine Mutter immer betrogen. Sie ließ sich scheiden, als ich fünf war. Bald bekam ich einen Stiefvater. Bis heute weiß ich, daß ich es auf Anhieb nicht mochte, wenn er mich streichelte oder sonstwie liebkoste. Besonders in der Pubertät war das schrecklich. Mein Stiefvater nahm mich immer fest in die Arme, obwohl ich mich steif machte. Wenn er betrunken war, und das war er oft, faßte er mir immer klammheimlich an den Busen, genauer, an die Brustwarzen, die er zu reiben versuchte. Ich verabscheute ihn bald richtig, traute mich aber nicht, meiner Mutter etwas zu sagen. Sie war ohnehin so unglücklich mit ihm. Er randalierte, zerschlug Möbel und Gläser, die meine Mutter gern mochte. Deshalb habe ich ihr nie etwas gesagt, aber ich glaube, sie hat viel gespürt. Das machte unser Verhältnis aber nicht enger, eher kühler.

Ich schaute also, daß ich wegkam von daheim. Gleich nach dem Abitur ging ich fort, begann eine Lehre, obwohl ich so gern Medizin studiert hätte. Gute Noten hatte ich, aber durch ein Studium wäre ich noch länger von meinen Eltern abhängig gewesen. Deshalb zog ich lieber zu meinem Freund. Wir heirateten dann ziemlich rasch.

Mein Mann ist er erste und einzige Mann, mit dem ich geschlafen habe. Leider ist mein frühkindlicher Spaß am Sex verlorengegangen. Ich kann mir zwar einen Orgasmus machen, wenn ich meine Klitoris stimuliere, aber es macht mir keine Freude, frustriert mich eher. Hab' sogar Schuldgefühle meinem Mann gegenüber. Ich träume zwar immer von Wahnsinns-Sex-Orgien, ich möchte so gern sexy sein und phantastische Erlebnisse haben. Aber wenn mein Mann mit mir schläft, ist meine Lust weg. Ich streichele meinen Mann gern, ich mag ihn sehr, und wenn er es will, liebkose ich auch seinen Penis mit dem Mund. Doch wenn er dann ›richtig‹ mit mir schlafen will, empfinde ich nichts mehr und möchte alles nur schnell beenden. Mich bedrückt diese Empfindungslosigkeit. Es belastet mich, daß mein Mann eine so kalte, lustlose Frau hat. Mir wird auch von der Familie gesagt, daß ich unnahbar, ja arrogant wirke. Dabei möchte ich zärtlich sein und glühend. Anfangs habe ich versucht, meinem Mann das alles vorzuspielen, manchmal gelang es mir sogar, mich da richtig reinzusteigern. Um so böser war der Absturz. Richtig beknackt fühlst du dich dann. Ob ich mal eine Therapie mache? Mein Mann ist so lieb und rücksichtsvoll, schon seinetwegen möchte ich wieder sexuell so natürlich empfinden wie als Kind.«

»Orgasmus erst mit 30«

»Wir hatten kein Geld daheim. Nicht mal für richtige Binden. Meine Mutter nähte so komische Vorlagen aus Stoff, die gewaschen wurden und auf der Leine hingen. Ich fand das widerlich. Überhaupt das ganze Frauengetue, die Andeutungen, Androhungen, alles fand ich so widerlich wie die Binden, die immer rutschten. Ich hatte wahnsinnige Angst, daß mir mal eine aus dem Schlüpfer fallen könnte.

Und dann mein Busen. Der war schon früh so üppig, ich sah viel älter aus, als ich war. Die Jungen und die Männer pfiffen mir nach und tuschelten über mich. Ich wußte nicht, was die wollten, ahnte es dunkel, es hatte was mit den ekligen Binden zu tun. Alles Körperliche machte mir angst, Unbehagen, Unsicherheit. Wurde ein Mädchen in unserem Ort schwanger, gab es Getuschel, hämisches Grinsen, das Mädchen wurde verurteilt. Vor allem dann, wenn nicht geheiratet wurde. Die Schadenfreude der Mütter, deren Töchtern es nicht passiert war. Unsere Nachbarn, beide eher häßlich, hatten eine Tochter, die mit mir in eine Klasse ging. Sie wurde von allen ›Streifenhörnchen‹ genannt, und so sah sie auch aus. Ihr Vater machte mir gegenüber immer Andeutungen, wie froh er sei, daß seine Tochter nicht so verdorben sei wie andere. Ich haßte ihn dafür, hatte aber trotzdem Schuldgefühle. Und meine Mutter drohte: ›Laß dich ja nicht mit einem Jungen ein, dann bis du sofort unten durch.‹

Unten durch sein – das wollte ich nicht. Also litt ich unter meiner gutentwickelten Figur, die Signale ausschickte, denen ich nicht gerecht werden konnte. Also ging ich krumm und trug weite Pullover. Als mir mein erster Freund

140

nach einem Tanzabend mal zwischen die Schenkel faßte (damals war ich siebzehn, er neunzehn) gab ich ihm eine Ohrfeige und weigerte mich wochenlang, ihn wieder zu treffen. Mein Busen wurde üppiger, meine Verklemmung auch.

Nach der mittleren Reife ging ich vom Gymnasium ab und begann eine kaufmännische Lehre. Die Männer im Büro machten Witze, die ich nicht verstand. Einer paßte mich immer in dem großen dunklen Versandlager ab und versuchte, mir an den Busen zu fassen. Ich kann es heute nicht mehr begreifen, aber damals hatte ich tierische Angst vor dem — wagte es auch nicht, jemandem davon zu erzählen. Ich fühlte mich elend. Hatte Sehnsüchte, die verboten waren, bekam Angebote, die mich überforderten. Ich fühlte mich in unserer kleinen Stadt ständig belauert. Ich galt als eines der hübschesten Mädchen, wäre aber viel lieber ein Streifenhörnchen gewesen.

Als dann ein zwanzig Jahre älterer Mann, ein Freund meiner Familie, um mich warb, sagte ich sofort ja. Ich dachte, daß ich dann alles auf einen Schlag loshätte: das ständige Bespitzeln, die unklaren Träume, die sexistischen Typen im Büro — überhaupt den ganzen widerlichen Ballast des Erwachsenwerdens. Am Vorabend meines achtzehnten Geburtstags heiratete ich.

Die Hochzeitsnacht? Ein Alptraum wie aus einem Hintertreppenroman. Ich hatte einen Scheidenkrampf, medizinisch Vaginismus genannt. Damals wußte ich natürlich nicht, daß es so etwas gab. Ich wußte nur, daß mein Ehemann nicht in mich eindringen konnte, daß es höllisch weh tat und daß er tödlich beleidigt war. Schließlich überwand er den Widerstand, den ich ja nicht bewußt leistete, mit Gewalt. Dafür wünschte ich ihm den Tod. Jedesmal, wenn er dienstlich verreiste, wünschte ich, daß sein Flugzeug abstürzen oder er mit dem Auto verunglücken möge. Wegen dieser Wünsche hatte ich natürlich wieder massive Schuldgefühle. Wollte mein Mann mit mir schlafen, ließ ich es über mich ergehen. Versuchte, an nichts zu denken. Glücklicherweise wurde ich bald schwanger. Mein Mann rührte mich während der Schwangerschaft nicht an.

Das erste wirklich schöne sexuelle Gefühl hatte ich, als mein Kind geboren wurde und ich meinen Sohn stillen konnte. Er zog ganz kräftig an meinen Brustwarzen, und unten in meinem Bauch kontrahierten sich die Muskeln. Das war wahnsinnig schön. Mein Kind liebte ich zärtlich.

Langsam löste sich meine Verklemmung. Ich begann zu träumen. Hinter dem Schutzwall meiner Ehe begann ich mir Romanzen mit Männern zu erträumen, die ich vom Sehen kannte, gar nicht näher kennenlernen wollte. Mein Ehemann behandelte mich wie ein Kind, zunächst wie ein unmündiges, später wie ein ungezogenes. Am liebsten hätte ich mit meinem Kind allein auf einer Insel gelebt.

Und irgendwann hätte dann der Märchenprinz kommen sollen.

Was kam, war die Hölle einer Ehe. Mit jedem Tag, den ich mit meinem Kind verbrachte, wurde ich erwachsener. Ich ließ mir von meinem Mann nicht mehr den Mund verbieten. Ich gab auch nicht mehr Rechenschaft über jede Mark, die ich ausgab. (Mein Mann war wohlhabend.) Mein Mann verstand die Welt nicht mehr. Wo war seine fügsame Frau? Er sprach nicht mehr mit mir, versuchte, meine Befugnisse einzuengen. Er nahm mir die Autoschlüssel weg. Die Bankvollmacht, die ich dringend brauchte, da er ständig verreist war, bekam ich nicht. Hatten wir Gäste, verbot er mir den Mund. Schließlich wurde ich, von einer Sekunde zur anderen, tätlich gegen ihn, ich wollte ihn wirklich töten. Das hat er begriffen, er willigte in die Scheidung ein, die er mir vorher verweigert hatte. Mit der Drohung, mir den Jungen zu nehmen, was damals noch möglich gewesen wäre.

Ich zog mit dem Kind in eine andere Stadt. Wir hatten kein Geld, mein Mann weigerte sich, uns zu unterstützen. Doch ich hatte Glück: Gleich bei der Wohnungssuche fand ich eine Stelle als Sekretärin des Maklers, bei dem ich heute noch arbeite. Mein Verdienst reichte für den Jungen und mich – ich fühlte mich endlich frei. Jeden Morgen, wenn ich aufwachte, war ich glücklich, frei zu sein, mein Leben selbst bestimmen zu dürfen. Ich war 30 Jahre alt.

Im gleichen Haus wie ich wohnte ein junger Mann, der mich immer freundlich grüßte, vor allem mit meinem Sohn sehr viel Unsinn machte. Der, inzwischen fast zehn, hatte ja niemals einen Vater gehabt, der mit ihm spielte oder tobte. Mein geschiedener Mann war viel verreist, beruflich absorbiert und außerdem ruhebedürftig. Daher suchte mein Junge sich immer ›Väter‹ im Freundeskreis, und so lief das auch hier. Der Nachbar spielte Fußball mit ihm, sie machten Radtouren, wir gingen zu dritt in den Biergarten. Manchmal war auch die Freundin des Mannes dabei, eine sehr liebe junge Frau, mit der ich mich auf Anhieb verstand, die auch niemals zickig war.

Ich genoß mein neues Leben, hatte Freunde, bald auch Affären, ich wurde umworben und fand es toll. Doch ins Bett gehen mochte ich mit niemandem, lieber brach ich die Beziehung vorher ab. Immer noch hatte ich Angst, wollte mich nicht aufgeben, konnte mich nicht fallenlassen.

Irgendwann sagte mir der väterliche Freund meines Sohnes, daß er in mich verliebt sei. Er hatte sich von seiner Freundin getrennt, schickte mir kleine Briefe, Blumen, Telegramme mit einem Inhalt wie ›ich liebe dich. Blauauge‹. Ich hatte ihm mal gesagt, daß er auffallende Augen habe. Mein Sohn und ich unternahmen jetzt noch mehr gemeinsam mit

Klaus. Es war schön für mich, einen gleichaltrigen Partner zu haben. Klaus arbeitet bei der Stadt, er hat eine kaufmännische Lehre hinter sich wie ich auch. Für ihn bin ich total gleichberechtigt. Er hilft beim Kochen, deckt den Tisch, macht alles, was nötig ist, ganz selbstverständlich.

Als er mich zum erstenmal küßte, sagte ich ihm, daß ich frigid sei, sexuell völlig verklemmt. Klaus lachte so herzlich, daß ich ihm nicht böse sein konnte. Doch dann versicherte er mir, daß nichts passieren würde, was ich nicht wollte. Zu diesem Zeitpunkt fand ich unser Leben zu dritt schon so angenehm, ich begriff gar nicht, daß Zusammenleben so einfach sein kann, liebevoll, entlastend. Mit Klaus konnte ich über alle Pannen reden, die mir passierten, meist wußte er sogar Rat. Und dann fuhren wir zu dritt in den Urlaub. Mein Sohn freute sich wie verrückt. Er ging ja vormittags in die Schule und verbrachte den Nachmittag bei einer Nachbarin, mit deren Sohn er befreundet war. Klaus, der bereits um 16.00 Uhr Schluß hat, holte ihn dann ab, und die ›Männer‹ kauften dann ein und kochten was für abends.

Im Urlaub wollte ich dann selber mit Klaus schlafen. Es war plötzlich ganz selbstverständlich. Und es wurde unbeschreiblich schön. Keine Ängste, keine Hemmungen. Ich hatte totales Vertrauen und wollte unbedingt, daß Klaus in mich eindrang.

Davor hatte ich ja immer fast panische Angst gehabt, und plötzlich drängte es mich dazu. Ich war unten total naß, und Klaus begann, an meiner Klitoris zu spielen, ganz sanft, ganz leicht, doch ich wollte, daß er es fester macht, intensiver. Und dann streichelte er meine Brustwarzen, ich wurde so erregt wie noch nie im Leben. Klaus tat alles, was ich wollte, es war, als sei mein Körper mit Feuer erfüllt, angespannt bis in die Haarspitzen. Ich sah Klaus, sein Gesicht war wie verwandelt, er hatte seine Augen auf mich gerichtet, sah mich so voller Liebe und Bewunderung an und hatte doch zwei scharfe Linien im Gesicht, Linien, die mir zeigten, daß auch er total erregt war. Das darf nie aufhören, bitte, bitte, dachte ich immer, doch schließlich explodierte es in mir, und Klaus schrie und wir hielten uns aneinander und ineinander fest.

Inzwischen sind wir fast 17 Jahre verheiratet. Klaus wollte keine Kinder, mein Sohn sollte nicht zurücktreten, meinte er. Außerdem brauchten und brauchen wir beide Gehälter, damit wir unsere Wohnung abbezahlen können. Klaus und ich waren lange sehr, sehr glücklich. Mit der Zeit haben wir natürlich auch Kummer miteinander gehabt, haben uns weh getan, hatten Leerlauf. Aber nicht im Bett. Unsere sexuelle Liebe ist immer noch lebendig, wir haben das Gefühl, daß sich nichts wiederholt, daß es immer noch aufregend ist. Ich kann mühelos klitorale Orgasmen haben. Und manchmal, wenn wir uns ganz lange lieben, habe ich auch einen vaginalen. Beide finde ich toll.«

Thomas, 31, Betriebswirt, lebt derzeit allein

»Der Orgasmus fängt im Kopf an«

»Bei uns gab es keine Sexualerziehung. Höchstens diese: Ich war der Jüngste in der Familie. Meine beiden älteren Schwestern schenkten mir immer Schokolade und Jerry-Cotton-Heftchen, damit ich den Mund hielt. Wenn nämlich meine Eltern weggingen, kamen die Freunde meiner frühreifen Schwestern an. Aufgeklärt wurde ich aber nicht. Deshalb fragte ich einen Urlaubsfreund im Brief, ob er wisse, wie das Kindermachen ginge. Diesen Brief bekamen meine Eltern in die Hände, und ich bekam eine Ohrfeige.

Lange Zeit war ich äußerst verklemmt, aber so mit achtzehn fand ich dann doch eine Freundin. Sie war sechzehn und wußte alles. Als es losging, war ich wahnsinnig aufgeregt, und bis ich merkte, daß es soweit war, war auch schon alles vorbei. Am nächsten Tag sagte mir meine Freundin, daß sie ihre Periode habe. Ich war so blöd, daß ich glaubte, sie sei schwanger. Als sie dann ein Jahr später tatsächlich schwanger war, entschied sie allein, daß sie eine Abtreibung wollte. Sie lernte Verkäuferin, ich war kurz vor dem Abitur. Klar, daß ihre Entscheidung richtig war. Trotzdem war ich geschockt, wollte die Schule schmeißen, meine Freundin heiraten und sonst noch was. Doch sie war klug genug, sich von mir zu trennen. Sie sagte, unsere Beziehung habe ohnehin nur aus dem Bett bestanden, wir hätten viel zu wenig geredet.

Damals begann ich erst, über Mädchen nachzudenken. Darüber, was es bedeutet, miteinander zu schlafen. Mit meiner Freundin hatte ich so drei Stellungen ausprobiert. Wir hatten nie darüber geredet, was ihr Freude macht und was nicht. Über Orgasmus haben wir schon gar nicht geredet.

Als ich dann studierte, lernte ich ein anderes Mädchen kennen. Sie war viel jünger als ich. Wir ließen uns viel Zeit für die Liebe, studierten gemeinsam, nahmen uns gemeinsam eine Wohnung. Wir schliefen jahrelang zusammen in einem Bett, mit einem Kopfkissen, mit einer Zudecke. Heute denke ich manchmal, daß das die schönsten Zeiten waren.

In einer langdauernden Beziehung wird natürlich auch der Orgasmus zum Thema. Meine Freundin wollte immer ein langes Vorspiel, ehe der Koitus begann. Sie bestand darauf, so daß es manchmal mühsam wurde, die Spontaneität fehlte. Manchmal hatte ich das Gefühl, wir schlafen zusammen, weil das jetzt abgehakt werden muß. Nicht, weil man den anderen jetzt haben will.

Wir hatten dann mehrere Krisen. Meine Freundin hatte, genau wie ich, andere Beziehungen. Ich bin ausgezogen aus unserer Wohnung, wollte einfach nur arbeiten und allein sein. Inzwischen ist meine Freundin innerlich wieder zu mir zurückgekehrt. Sie ist es heute, die sich um ein Zusammensein bemüht, sie telefoniert, drängt darauf, daß wir uns sehen. Früher war das immer ich. Und schlagartig hat sich auch das Sexualverhalten meiner Freundin verändert. Sie ›kommt‹ jetzt mühelos, wir können auch mehrmals hintereinander Liebe machen. Früher hätte sie das abgelehnt.

Einerseits finde ich diese Entwicklung sehr schön, andererseits macht sie mir auch angst. Es ist ein Zwiespalt in mir. Es ist, als sei meine Freundin eine total neue Frau geworden. Ich glaube, die totale Erfüllung ist, wenn der Geist mitspielt. Es geht nicht um die Ejakulation allein. Früher habe ich mich unter Druck gesetzt gefühlt, wenn meine Freundin keinen Orgasmus hatte. Ich weiß jetzt genau, daß der Orgasmus im Kopf anfängt. Daher würde ich auch nie sofort mit einer Frau ins Bett gehen, mit der Tür ins Haus fallen. Ich wüßte, daß sie mich noch gar nicht kennt, also auch im Bett mit mir nicht glücklich werden kann. Ich hätte Angst, sie zu verletzen.

Ich habe gelernt, daß beide, Mann und Frau, den Sex nur genießen können, wenn die Liebe durch den Kopf gegangen ist. Wenn Leid, Schmerz und Sehnsucht die richtige Hingabe möglich machen, dann kommt auch der Orgasmus. Und das ist nicht nur bei der Frau so, sondern auch beim Mann. Denn auch eine Ejakulation ist nicht immer gleichbedeutend mit einem wirklich schönen Orgasmus.«

»Frauen können besser lügen als Männer«

»Ich bin, mit 18 Jahren, von der Mutter eines Schulfreundes nach allen Regeln der Kunst verführt worden. Ich muß sagen, das war wohl das Beste, was mir damals passieren konnte. Bis dahin hatte ich noch keine Freundin gehabt, noch nicht einmal auf Parties hatte ich mit Mädchen rumgeschmust. Ich war noch sehr harmlos. Und dann plötzlich das! Ich bin dann allerdings sehr schnell auf den Geschmack gekommen und habe eine tolle Zeit erlebt. Die Sache ging über ein Jahr lang, bis ich nach dem Abitur zum Studium in eine andere Stadt gegangen bin. Probleme menschlicher Art hat es für mich nicht gegeben, es ist nie rausgekommen, und der Mann dieser Frau war sowieso fast immer im Ausland. Über den hab' ich mir damals keine Gedanken gemacht.

Wenn ich später mit Freunden über ihre ersten Erfahrungen geredet hab', dachte ich oft, wie leicht ich es gehabt habe. Die hatten oft ganz schöne Probleme, wenn die dann mit dem Mädchen geschlafen haben und die nahm keine Pille und immer die Angst, man hätte ein Kind gemacht. Diese Sorgen hatte ich nicht. Diese Frau, sie war damals noch nicht ganz vierzig, hat mir das alles abgenommen, die ganze Verantwortung. Sie hat gesagt, das sei ihre Sache, darum solle ich mich nicht kümmern. Ich hab' bei ihr eine so schwerelose, lustvolle Zeit erlebt, daß ich heute noch richtig dankbar dafür bin. Wiedergesehen habe ich sie nie.

Ich muß sagen, ich hab' auch weiterhin Glück gehabt und bin immer, oder jedenfalls fast immer, auf Frauen getroffen, die sexuell aufgeschlossen und freudig waren. Die nicht immer nur gewartet haben, daß der Mann den ersten Schritt macht, sondern die auch selber mal die Initiative ergriffen haben. Das hat mich nie gestört, im Gegenteil.

Ob die Frauen, mit denen ich geschlafen habe, immer zum Orgasmus gekommen sind, weiß ich nicht. Ich glaube es eher nicht, aber ich hab' das hinterher nicht abgefragt. Das finde ich irgendwie entwürdigend, für beide. Und ob der andere dann ehrlich ist, weiß man ja auch nicht. Da können Frauen viel besser lügen als die Männer. Man kann ja auch so Lust empfinden. Ich habe ziemlich viele Bücher über Sexualität gelesen und finde es übertrieben, wenn man aus ihr einen Leistungssport macht. Das ist überhaupt etwas, was ich an der heutigen Zeit nicht gut finde. Früher wurde zu wenig und zu wenig offen über Sex gesprochen. Heute oft zu viel. Man kann auch etwas zerreden, und das tun in meinen Augen heute viele. Manchmal denke ich, die kommen eher durchs Reden zum Orgasmus als dadurch, daß sie es wirklich miteinander tun. Dieses wie hättest du es gerne und ist es dir auch recht so, das kann schon ganz schön sein. Aber mir gefällt es besser, wenn ich das selber rausfinde und es mir nicht vorher wie ein Rezept sagen lasse. Da geht doch auch viel an Spannung verloren.

Ich bin seit vier Jahren verheiratet und meiner Frau (bis auf eine Nacht während einer längeren Dienstreise) treu. Das fällt mir nicht schwer, weil wir uns sexuell noch immer sehr gut gefallen und auch oft miteinander schlafen. Das ist für uns beide sehr wichtig, weil uns Sexualität im Leben wichtig ist. Wenn da dann ein Defizit entsteht, neigt man natürlich eher zu Seitensprüngen. Natürlich gibt es Männer und Frauen, die es nicht so oft brauchen, und das ist dann sehr problematisch für so ein Paar, wenn die Bedürfnisse nicht übereinstimmen. Bei uns tun sie das glücklicherweise. Vielleicht nicht immer parallel, aber doch grundsätzlich.

Ich gehe mit meiner Frau auch manchmal in Pornofilme,

aber die müssen dann schon anspruchsvoll sein. Aus der Videothek holen wir uns keine. Das finde ich mehr als spießig, sich daheim vor den Fernseher zu setzen, die Flasche Bier daneben, und sich nach Rudi Carell einen Porno anzuschauen, so à la trautes Heim, Glück allein. Da käme ich mir irgendwo komisch dabei vor. Im Kino ist die Atmosphäre dann doch anders.

Meine Frau kommt oft zum Orgasmus. Wenn sie keinen hat, spielt sie ihn mir auch nicht vor. Am liebsten hat sie es, wenn ich sie, bevor wir miteinander schlafen, mit der Hand befriedige. Da kommt sie eigentlich so gut wie immer. Umgekehrt macht sie es auch oft bei mir, mit der Hand oder mit dem Mund, das ist oft genauso schön wie der ›normale‹ Beischlaf. Ich masturbiere auch manchmal, aber fast nie, wenn ich alleine bin, sondern eher, wenn sie bei mir ist und mir zuschaut. Das erregt mich sehr.

Gut finde ich es auch, daß wir öfters auch einfach so zwischendurch miteinander schlafen, also nicht nur, wenn man sowieso ins Bett geht. Das kann auch mittags um ein Uhr sein oder wenn ich abends nach Hause komm'. Da hat sich bei uns während der Ehe bisher glücklicherweise noch nichts geändert. Wir haben keine festgelegten Zeiten für die Liebe und keine festgelegten Orte, schon gleich gar nicht immer das Ehebett.

Allerdings haben wir auch keine Kinder. Mit Kindern ginge das ja nicht mehr so spontan, für Eltern ändert sich das Liebesleben ganz bestimmt drastisch. Deshalb bin ich eigentlich ganz froh, daß wir bisher noch alleine sind, auch wenn das sehr egoistisch von mir ist. Meine Frau möchte nämlich gerne bald ein Kind. Aber bisher hat es noch nicht geklappt. Ich hoffe, daß sich für unsere sexuelle Beziehung nicht allzuviel ändert, wenn wir mal zu dritt oder viert sind. Davor habe ich schon Angst, das hört man ja auch oft genug. Vor allem, daß die Frauen sich dann ändern, sexuell oft nicht mehr so lustvoll sind. Ich hoffe, bei uns wird das einmal nicht so.«

Annekatrin, 48, Apothekerin, verheiratet, 2 Töchter, Ehemann Anlageberater

»Zu allem, was sie wollten, hatte ich Lust«

»Ich glaube, daß ich relativ früh einen Orgasmus hatte. Nur sprach man damals noch nicht davon. Doch ich glaube, es ist dasselbe Gefühl gewesen, das ich heute noch habe. Wenn ich ihn habe.

Damals war ich achtzehn. Meine Erziehung war nicht sexualfeindlich. Ich hatte immer ein gutes Gefühl diesen Dingen gegenüber. Mein erstes Verhältnis hatte ich mit einem verheirateten Mann. Wir mußten uns total verstecken. Und er hat immer gesagt, mit dem ›richtigen Schlafen‹ müßten wir warten, bis ich achtzehn sei. Bis dahin haben wir Petting gemacht auf Teufel komm raus. Zu meinem achtzehnten Geburtstag hab' ich dann versucht, eine Wohnung für die Premiere zu finden, einen Platz zu organisieren, wo wir hinkonnten. Vor dreißig Jahren, mitten im Adenauer-Mief, war das nicht so leicht. Ich habe der Zimmervermieterin klargemacht, daß ich mit einem Menschen eine wichtige Aussprache bräuchte. Als er dann kam, blieb die Vermieterin praktisch vor der Tür sitzen. Da lief nichts, die Premiere fand nicht statt.

Doch ich hab' mehr und mehr Spaß am Sex gefunden. Es war zwar mit Heimlichkeiten und Angst verbunden, denn ich hatte fast immer verheiratete Männer, die viel älter waren als ich. Klar, daß wir nicht erwischt werden durften.

Aber ich glaube, gerade das fand ich aufregend. Ich habe niemals daran gedacht, auf einen Orgasmus zu warten. Ich fühlte mich beim Liebemachen in einem permanenten Erregungszustand. Eine heiße Zeit.

Ich habe von Anfang an Glück gehabt mit meinen Männern. Sie haben sich immer sehr intensiv mit mir beschäftigt. Und ich habe schnell gelernt und habe mich ebenso intensiv mit ihnen beschäftigt. Es waren komischerweise viele Mediziner darunter. (Ich arbeitete in einem großen Pharmakonzern.) Ich hatte zu allem, was ›meine Männer‹ wollten, Lust. Außer Analkoitus. Den verlangte ein Freund von mir. Und eine Freundin sollte ich auch noch mitbringen. Davon hielt ich nichts. Davon abgesehen hatte ich eine kontinuierliche Entwicklung in Sachen Sex.

Ich begann bereits auf einem hohen Niveau, finde ich. Ich habe niemals ›Rein-raus‹ kennengelernt. Es gab immer ein langes Vorspiel, viel Zärtlichkeit. Ich fand es immer toll, den Penis zu küssen und zu streicheln. Auch mit Massagestäben habe ich experimentiert. Meine stärkeren Orgasmen sind mit Sicherheit die klitoralen. Beim vaginalen Orgasmus ist es mehr eine Verschmelzung mit dem anderen.

Ich habe mir niemals Gedanken darüber gemacht, ob ich einen richtigen Orgasmus habe oder einen falschen. Ich finde es gefährlich, es einem Mann vorzuspielen. Ich hatte das nie nötig. Ich würde mich auch niemals abfragen lassen, ob ich einen Orgasmus gehabt habe oder nicht.

Früher habe ich immer peinlich darauf geachtet, daß ich vor der Liebe auch frisch geduscht war. Erst in meiner Ehe lernte ich, daß ich nicht immer porentief rein sein mußte. Mein Mann sagt jedenfalls, daß ich ihm auch ungeduscht gut schmecke. Ich glaube, man sollte viel mehr Vertrauen in seinen Körper haben. Trotzdem ist es natürlich toll, bei der Liebe auch noch aufregend zu duften. Ich brauche zwar

nicht unbedingt brennende Kerzen, aber wir schlafen gern
am Kamin miteinander, meistens nehmen wir uns viel Zeit.
Aber es kann auch unheimlich aufregend sein, mal schnell
miteinander zu schlafen, wenn die Kinder in der Schule
sind. Wir sind beide sehr anspruchsvoll und geben uns Mühe, damit es schön ist. Bis heute finde ich es aufregend, in
einer Situation zu lieben, in der man leicht ertappt werden
kann.

Ich habe mir niemals Gedanken über den G-Punkt oder
sonstige Feinheiten gemacht. Diese Leistungshaltung lehne
ich ab. Ich finde es viel aufregender, wenn mich mein Mann
berührt, während ich am Herd stehe. Oder wenn ich rasch
seinen Penis heraushole und küsse, obwohl im Nebenraum
Gäste sind. Manchmal wird dann mehr draus, manchmal
nicht. Natürlich gibt es auch bei uns mal eine Woche Pause
mit dem Schlafen, wenn wir zum Beispiel überarbeitet sind.
Dafür kann es passieren, daß wir im Urlaub dreimal am Tag
miteinander schlafen.

Schon sehr früh habe ich meinen Körper sehr gemocht.
Ich habe mich meinen Liebhabern auch gern nackt gezeigt.
Als ich jung war, hatte ich Affären, die waren rein sexuell.
Mit diesen Männern habe ich mich nur getroffen, um Sex
zu machen. Stundenlang. Wir mochten uns zwar, doch von
Liebe hat niemand geredet, es hat uns einfach nur Spaß ge-
macht.

Seit ich meinen Mann habe, sind Sex und Liebe für mich
untrennbar geworden. Ich bin meinem Mann absolut treu.
Seit zwanzig Jahren.«

»Ich wollte, ich wüßte, wo der Mechanismus sitzt«

»Ich habe mich schon früh mit Sexualität beschäftigt, weil ich eine fünf Jahre ältere Schwester hatte, deren erste Experimente ich mitbekam, denn wir hatten ein gemeinsames Zimmer. Und so hatte ich auch schon einen Freund, als ich noch nicht zwölf war. Ich wurde auch immer für viel älter gehalten, denn ich bin groß und nicht die Dünnste. Die Freundschaft mit dem Jungen ging natürlich über Petting nicht hinaus, aber immerhin.

Meine Schwester ›mußte‹ heiraten, als sie noch nicht siebzehn, aber schon schwanger war. Natürlich bekam ich alles mit. Die Diskussionen, warum sie überhaupt Sex gemacht habe, warum sie nicht verhütet habe, ob sie nun abtreiben sollte oder nicht. Für mich stand damals fest: Das passiert mir nicht. Als ich vierzehn war, bin ich zu meiner Mutter marschiert und habe die Pille verlangt. Wahrscheinlich steckte ihr der Schreck über meine Schwester noch in den Knochen – sie ging mit mir zum Frauenarzt. Und ich dachte: Jetzt hab' ich die Sicherheit, jetzt brauch' ich die Erfahrung. Und es sollte keiner aus dem Dorf sein, den ich dann jeden Tag sehe. Ich wollte nicht am ersten Jungen hängenbleiben wie meine Schwester.

Es passierte dann im Urlaub. Ich durfte zum erstenmal mit meiner Freundin wegfahren. Nach Nesselwang. Ich werde es nie vergessen. Hier lernte ich einen Jungen kennen, den Sohn der Hotelsekretärin. Er verliebte sich in mich, und wir schliefen zusammen. Ich hatte einen Orgasmus. Vielleicht bin ich auf diesem Gebiet ein Wunderkind – aber ich hatte dann zehn Jahre lang keinen mehr. Dabei hat mir Sex

Spaß gemacht, und ich habe einige Affären und zwei Lieben gehabt.

Doch alles war nichts gegen diesen ersten Orgasmus. Ich hatte meinem ersten Freund gesagt, daß ich noch nie und so weiter, und da war er so behutsam, daß zunächst gar nichts ging. Er kam nicht hinein in mich. Da hat er mich gestreichelt und hat mit mir geschmust. Als es dann endlich klappte, ging es aber wie verrückt. Ich hab' richtig abgehoben, glaubte, daß ich explodiere. Seltsamerweise hab' ich dieses Gefühl dann, wie gesagt, zehn Jahre nicht mehr gehabt.

Mit meinem Freund, den ich seit sechs Jahren habe und dem ich treu war, konnte ich nur ›kommen‹, wenn er meine Klitoris manuell stimulierte. Doch ab und zu überkam mich der Frust. Ich wollte endlich mal wieder so einen Wahnsinnsorgasmus haben wie den ersten. Ich habe mit Freundinnen über vaginalen und klitoralen Orgasmus geredet, ich hab' Bücher darüber gelesen − umsonst.

Jetzt, nach sechs Jahren Treusein, habe ich (wieder in einem Urlaub) mit einem anderen Mann geschlafen. Zunächst war das enttäuschend, denn es fand nichts von dem statt, was ich seit zehn Jahren gewohnt war: Vorspiel, Stimulieren der Klitoris und so weiter. Er kam einfach zur Sache, und bei mir lief nichts. Außer, daß ich ihn mochte. Und plötzlich − es war unser fünftes Zusammensein −, plötzlich hatte ich wieder den gleichen Orgasmus, den ich vor zehn Jahren gespürt hatte, diesen Wahnsinnsorgasmus. Und zwar, während er sich in mir bewegte.

Ich kann heute die beiden Orgasmus-Varianten gut voneinander unterscheiden. Der klitorale Orgasmus ist etwas mechanisch Erzeugtes, das lustvolle Entspannung vermittelt. Aber es bleibt irgendwie oberflächlich, hinterläßt nicht viel. Der vaginale Orgasmus ist etwas ganz Seltenes, man kann ihn nie ›machen‹ wie den klitoralen. Er ist auch nichts, was durch ein gewisses Training herbeiführbar ist. Ich weiß nicht, wo der Mechanismus sitzt, der das eine oder das andere in Bewegung setzt. Ich wollte, ich wüßte es. Auf jeden Fall ist es abhängig vom Partner. Für mich ist es fatal, zu wissen, daß ich durch meinen jetzigen festen Freund nie einen vaginalen Orgasmus haben werde. Ich schlafe zwar gern mit ihm, aber mit meinem Urlaubs-Lover ist es viel stärker, viel inniger. Ich komme mir unheimlich mies vor, aber ich habe eine neue Dimension der Liebe kennengelernt, und ich will sie wiederhaben. Ich darf aber nicht, denn meine Urlaubsliebe ist verheiratet, und ich möchte meinen Freund auch nicht verlieren.«

Antje, 33, Lebensmittelchemikerin, verheiratet, 2 Töchter, Ehemann Großhandelskaufmann

»Sie streichelte meinen ganzen Körper«

»Mit meinem Mann hatte ich noch nie einen Orgasmus. Wenn wir miteinander schlafen, macht mein Mann, wozu er halt Lust hat. Also mal liegt er auf mir, mal macht er es von hinten, was ich nicht so gern habe. Er hat es aber sehr gern. Ich weiß auch nicht, warum, aber ich empfinde einfach nichts, wenn mein Mann sich in mir bewegt. Es ist mir nicht unangenehm, außer von hinten. Da tut es nämlich weh. Auch, wenn mein Mann meine Beine ganz hoch zieht auf seine Schultern hinauf, dann tut es sehr weh, und er hört auch auf. Aber er hat es sehr gern. Er ist niemals rücksichtslos, möchte mir nicht weh tun. Aber manchmal bewegt er sich halt sehr lange in mir, und ich denke, wann hört es denn mal wieder auf. Und meine Gedanken schweifen ab, ich denke an alles mögliche, nur nicht an Sex.

Alle meine Liebeserlebnisse mit Männern liefen ähnlich ab. Niemals hatte ich ein richtiges Liebesabenteuer. Wenn mein Mann meine Brustwarzen streichelt und ich gleichzeitig meine Klitoris, dann habe ich manchmal einen Orgasmus. Aber ich traue mich meistens nicht, darum zu bitten, denn ich sage auch meinem Mann nicht, daß ich nie einen Orgasmus habe. Früher, bei einem Freund, war ich tatsächlich mal ziemlich erregt und wollte am Schluß halt meine Klitoris streicheln, da gab er mir zwar sanft, aber entschieden, einen Klaps auf die Finger. Er fand es beleidigend, daß ich mir selbst einen Orgasmus machen wollte.

Alleine zu masturbieren, wie ich das als Kind gemacht habe, dazu habe ich heute keine Lust mehr.

Ich glaube seit ein paar Wochen, daß sich mein Leben ändern könnte. Jedenfalls denke ich dauernd daran: Ich war verreist, zu einer Fachtagung. Dort lernte ich eine Frau kennen, eine Chemikerin. Sie hat sich in der Nahrungsmittelforschung einen Namen gemacht. Wir saßen nach ihrem Vortrag in der Mensa beim Essen. Sie strahlte mich so offen und irgendwie verschwörerisch an, daß ich ganz verwirrt war. Ich dachte aber, sie fände es schön, unter all den Männern eine Kollegin zu sehen. Natürlich konnten wir wahnsinnig gut über unsere Arbeit miteinander reden. Sie hat toll was drauf, hat nicht, wie ich, sechs Jahre ausgesetzt im Beruf, sondern kontinuierlich gearbeitet.

Kurz: Die restliche Zeit der Tagung verbrachten wir miteinander. Wir meldeten uns für dieselben Gruppen, gingen in dieselben Vorträge. Es war, als würden wir uns schon ewig kennen. Meine neue Freundin sah äußerst attraktiv aus, sie hat auffallend rote Haare, ist groß, elegant. Wo wir auftauchten, schauten die Männer uns nach. Doch wir interessierten uns nur noch füreinander. Am Abend packte ich meine Sachen und zog um in ihr Hotelzimmer. Für mich war das verrückt und selbstverständlich zugleich. Ich habe eher wenig Selbstbewußtsein. Zusammen mit Vera fühlte ich mich irgendwie aufgewertet. Und vollkommen verstanden. Es war, als sei ich ein seelischer Zwilling von ihr.

Wir sprachen auch über meine Ehe, über meine kleinen Töchter. Vera fand, daß ich mich aufopfere, daß ich mich ›nicht so durchs Leben hetzen lassen dürfe‹. Es stimmt schon, manchmal bin ich total fertig. Den ganzen Tag im Labor, dann hole ich die Kinder von der Tagesmutter ab, und dann fängt das Familienleben an.

Es tat mir gut, mir das alles einmal richtig von der Seele zu reden. Und als Vera dann abends zu mir ins Bett kam, wollte ich das auch. Sie streichelte meinen ganzen Körper, so lange, bis ich mir wünschte, daß sie jetzt meine Brustwarzen streicheln sollte, meine Vagina. Sie hatte mich kaum berührt, da kam ich schon. Ihr ging es unter meinen Berührungen ebenso. Wir kicherten, lachten, bewunderten uns gegenseitig, es war wie ein unschuldiges Kinderspiel, so hell, so sanft, kein Gewährenlassen, sondern Wünschen, Wollen. Und es wurde ständig intensiver, heißer, bewußter. Schon mein zweiter Orgasmus war so, wie ich es nie erlebt hatte – von ganz tief innen, lang, süß und zuckend. Vera und ich schliefen dann, nachdem wir noch lange geredet und geschmust hatten, ineinanderverknäuelt ein.

Vera wollte, daß ich mit meinen Kindern zu ihr ziehe. ›Ich weiß nicht, warum wir aufeinander verzichten sollten‹, sagte sie. Vera wollte, daß wir unser Leben miteinander verbringen. Zunächst schien mir das auch möglich. Doch als ich wieder daheim war, wieder in mein ›altes‹ Leben eintauchte, da bekam ich Angst. Angst vor Vera, vor meinen Gefühlen.

Ich habe Vera gebeten, nicht mehr bei mir anzurufen. Sie kam dann, stand plötzlich in meinem Labor. Sie faszinierte mich sofort wieder, aber meine Angst ist größer. Noch kann ich es mir nicht vorstellen, aber vielleicht kann ich eines Tages auch nicht mehr auf Vera verzichten. Denn Liebe, das heißt für mich jetzt eigentlich nur noch Vera.«

Valerie, 60, Schriftstellerin, verheiratet, 1 Sohn,
Ehemann Konferenzdolmetscher

»Sexuell keine Schranken«

»Meinen ersten Orgasmus hatte ich wohl im Traum. Damals muß ich so elf Jahre gewesen sein, denn ich träumte von einem Lehrer unseres Lyzeums. Als ich aufwachte aus dem Traum, hatte ich das Kissen zwischen den Beinen und fühlte mich herrlich.

Obwohl meine Mutter bigotte Züge hatte, bin ich doch sehr natürlich aufgewachsen. Als ich in die Pubertät kam, drohte meine Mutter mir immer damit, daß sie sich umbringen würde, wenn ich ein uneheliches Kind bekäme. Das hat auf mich jedoch keinen sonderlichen Eindruck gemacht.

Als ich siebzehn war, gab es in unserem Dorf einen großen Ball. Ein Junge, der schon lange in mich verliebt war, holte mich zum Tanzen. Wir verzogen uns schon bald in einen kleinen, leeren Raum, wo wir ganz allein für uns weitertanzten. Aber wie. Wir haben uns gegenseitig halb ausgezogen, wir haben (wie man heute sagt) Petting gemacht, und plötzlich ist er in mich eingedrungen. Natürlich war ich nicht im Traum auf die Idee gekommen, daß ich entjungfert werden könnte. Aber es passierte. Ich blutete auch, aber nur leicht. Einen Orgasmus hatte ich nicht, doch mich hat das Ganze äußerst angenehm überrascht. Es war heiß, es war wunderbar. Ich bereute keine Sekunde. Und so ging es mir bis heute: Alles, was ich auf sexuellem Gebiet gemacht habe, habe ich gern gemacht. Es war, als bekäme ich einen tiefen Stoß, den ich immer wieder haben wollte.

Ich habe dann sehr jung geheiratet, einen Arzt. Wir liebten uns leidenschaftlich. Im Stehen, im Liegen und sonstwie. Während wir zusammen schliefen, hatte ich keinen Orgasmus. Ich habe mich immer, wenn er gekommen war, unter ihm so lange bewegt, bis ich auch einen Orgasmus bekam. Also sein Penis blieb in mir, er blieb auf mir liegen, bis ich kam. Für mich ist es ganz klar, daß der Penis, wenn er wieder weich ist, meine Klitoris umfassend reibt, und dann kann ich kommen.

Einen vaginalen Orgasmus hatte ich nur mit einem Mann. Ich lernte ihn nach der Scheidung kennen. Er hatte einen besonders großen Penis, und ich konnte ihn überhaupt nur aufnehmen, wenn ich schon sehr erregt war. Aber dann hatte ich einen umfassenden Orgasmus, der mich total durchflutete. Das muß dieser vaginale Orgasmus sein, von dem immer die Rede ist.

Ich habe in meinem Leben nicht viele Männer gehabt. Aber die Männer, mit denen ich geschlafen habe, habe ich wirklich geliebt. Und dann kennt man sexuell keine Schranken. Viele Frauen beklagen sich, daß die Männer nicht zärtlich seien. Ich kann das nicht bestätigen. Im Gegenteil. Meine Männer sind mir immer zu zärtlich. Ich habe es lieber im Sinne von ›Zur Sache, Schätzchen‹. Diese Streichelei und Küsserei – und daß die Männer überall ihre Zunge reinhängen wollen –, das kann ich bis heute nicht ausstehen.«

Edith, 31, Hausfrau, verheiratet, 3 Kinder,
Ehemann Automechaniker

»Bei mir muß da was nicht stimmen«

»Ich habe meinen Mann mit 17 kennengelernt, mit 18 kam
das erste Kind zur Welt. Ich mußte die Lehre abbrechen,
weil sich keiner um das Kind kümmern wollte. Meine Mutter hat gesagt, sie hat selbst fünf Kinder großgezogen und ist
froh, wenn sie jetzt endlich nichts Kleines mehr um sich hat.
Mein Mann mußte arbeiten, und meine Schwiegermutter
wollte sowieso nichts von mir wissen. Also blieb mir ja
nichts anderes übrig. Das war falsch damals, den Beruf
nicht wenigstens zu Ende zu lernen. Das seh' ich heute ganz
genau. Aber damals hatte ich keine Wahl. Wenn ich die
Lehre fertig gemacht hätte, als Verkäuferin, hätte ich hinterher doch eine Arbeit finden können und wäre von meinem
Mann nicht so abhängig gewesen. Aber so bin ich es eben.

Mein Mann ist ein netter Kerl. Aber so nach zwei, drei
Flaschen Bier, wenn es ins Bett geht, will er immer nur das
eine. Ich hab' schon regelrecht Panik davor, Sexualität ist für
mich im Lauf des Lebens etwas ganz Bedrückendes geworden, etwas, vor dem ich Angst habe.

Mein Mann ist der einzige, mit dem ich je geschlafen
habe. Schön für mich ist es eigentlich nie gewesen. Früher,
als ich jung war, hatte ich immer Angst davor, schwanger zu
werden. Das bin ich dann ja auch geworden. Und später
hab' ich's halt gemacht, daß er zufrieden war.

Wenn ich nicht gewollt hab', ist er oft sehr ärgerlich
geworden. Manchmal ist er dann einfach fortgegangen und
erst am nächsten Tag wiedergekommen, nach der Arbeit.
Manchmal hat er mir Vorwürfe gemacht und gesagt,
warum ich so eine langweilige Person bin und anders als die

anderen und ob ich mir nicht selber mal Gedanken darüber machen würde, was da bei mir nicht stimmt. Ich bin dann immer deprimierter geworden, weil ich gedacht hab', er hat ja recht, bei mir muß da ja was nicht stimmen, wenn ich immer nur Angst krieg', wenn er mit mir abends ins Schlafzimmer geht. Er hat immer gesagt, er sei doch schließlich kein Unhold. Und das ist er ja wirklich nicht. Ich hab' nur einfach Angst davor, daß ich schon wieder keine Lust zeig' und daß es halt wieder nichts wird.

Einen Orgasmus hab' ich noch nie in meinem Leben gehabt. Ich hab' immer gedacht, das ist nichts als Gerede, die geben alle bloß damit an. Einmal hab' ich geweint, hinterher. Und da hat mein Mann mich angeschaut, ist aufgestanden, hat sich angezogen und sich die ganze Nacht ins Wohnzimmer gesetzt. Er hat drei Tage kein Wort mehr mit mir gesprochen. Das war mir fürchterlich, ich hab' ihn ja nicht verletzen wollen. Unser Leben könnte viel besser sein, wenn es nur die Sexualität nicht gäbe.

Ich kann's auch nicht mehr hören oder lesen. Das macht einem solche Schuldkomplexe oder Gewissensbisse, daß man da nicht auf dem richtigen Stand ist. Mein Mann hat schon einmal gesagt, ich gehöre in Behandlung, das sei nicht normal, jede Frau habe Lust, wenn sie normal sei. Ich will mich ja nicht bewußt dagegen sperren, ich finde es auch schön, wenn er mich mal in den Arm nimmt. Aber daß es unweigerlich zu dem anderen führt und zu nichts anderem, das macht mich immer ganz verkrampft, da denke ich dann immer nur: O Gott, nicht schon wieder.

Im Frühjahr dieses Jahres ist es dann so schlimm geworden, daß ich wirklich zu einer Behandlung gehen wollte. Ich wußte aber nicht, wohin. Ob man damit zum Frauenarzt geht oder wohin sonst. Mein Mann hat gesagt, ich soll zu einer Frauenärztin gehen. Das hab' ich dann auch gemacht.

Aber die hat gesagt, das sei eher bei mir ein menschliches Problem, organisch wäre eigentlich alles in Ordnung. Sie hat mir vorgeschlagen, zur Eheberatung zu gehen. Am besten mit meinem Mann. Er war ganz sauer und hat gesagt, die spinnt ja. Was soll ich bei der Eheberatung, wenn du sexuell Schwierigkeiten hast. Ich bin dann auch nicht hingegangen, ich hab' gedacht, wenn ich mich zusammennehm', geht es schon. Aber es hat sich nichts geändert.

Vor zwei Monaten war ich zur Kur, weil ich immer mit dem Rücken zu tun habe und Moorbäder und Massage und so Sachen brauche. Da gab es neben den ganzen Ärzten einen Psychologen, den man einmal in der Woche sprechen konnte. Ich bin da die ersten drei Wochen nicht hingegangen, ich hab' mir gedacht, was soll ich da. Die letzte Woche hab' ich mich dann doch dazu aufgerafft. Eine Frau, die mit mir am Mittagstisch saß, hat gesagt, da soll ich ruhig mal hin, sie wär' auch schon dort gewesen. Da hab' ich gedacht, wenn die sich das traut, und man sieht ihr doch eigentlich gar nicht an, daß sie so was braucht, dann mach ich's auch.

Erst hab' ich mich sehr geniert, aber dann hab' ich ihm doch gesagt, wo das Problem bei mir liegt. Daß ich eben kein sexuell veranlagter Mensch bin und ich halt ja und amen sag', damit es keinen Ärger gibt. Aber daß ich selber nie was davon hab' außer von vornherein Angst. Obwohl ich doch schon so lange verheiratet bin und drei Kinder hab'. Auf seinen Rat hin hab' ich mich jetzt bei der katholischen Eheberatung angemeldet. Ich weiß zwar nicht, ob das was hilft, die sehen das doch auch in einem ganz anderen Licht. Aber bei uns gibt es nur eine katholische oder eine evangelische Eheberatung. Meinem Mann hab' ich nichts davon gesagt, daß ich da jetzt doch hingehe. Ein Orgasmus, das wäre mir gar nicht so wichtig. Wenn's wenigstens sonst schön wäre.«

»Ich wär' voll da, sie lehnt alles ab«

»Von zu Hause hab' ich nichts über Sex erfahren, absolut nichts. Das war damals nicht die Zeit dafür, als ich jung war. Ich kam mit 17 zum Arbeitsdienst und anschließend zum Militär. Und dann ging's ab nach Frankreich. Da hab' ich meine ersten sexuellen Erfahrungen gemacht – und was für welche!

Sie war 25 und ich gerade 18. Die hat mich gleich ausgiebig in die Liebe eingeführt. Bei dieser Französin hab' ich wirklich die tollsten Sachen erlebt, die man zu der Zeit als normaler Mensch gar nicht gekannt hat. Also jedenfalls hat man nie was davon gehört oder gelesen. Wir haben alles mögliche miteinander gemacht, von vorn und von hinten und mit dem Mund oder mit den Brüsten. Die wollte damals schon anal bedient werden oder mit einer Kerze, also die hat mit mir Sachen gemacht, so was vergißt man nie. Ich bin dabei echt auf den Geschmack gekommen. Sie hat auch immer einen Orgasmus gehabt, und der war echt. Sie ging immer hoch wie eine Rakete. Das ist für einen Mann schon auch ein tolles Gefühl, wenn man das sozusagen zustandegebracht hat.

Für meine Frau waren das später nur Sauereien.

Das war eine wahnsinnig schöne Zeit für mich, damals in Frankreich, obwohl doch Krieg war. Die Sache ging, solange wir da stationiert waren, so ein gutes halbes Jahr. Dann kam ich in Gefangenschaft. Und wie ich dann wieder heimkam, war ich natürlich schon auf eine Frau aus, auf eine sexuelle Beziehung. Ich hab' dann eine Freundin meiner Schwester wiedergesehen, die hatte ich schon früher ein paarmal getroffen. Aber die war sehr streng erzogen, und ich war vor Frankreich ja auch noch gänzlich unerfahren. Als ich zurückkam, war das ja was anderes, jedenfalls für mich. Sie war noch immer genauso wie vorher, und das dauerte schon einige Zeit, bis da überhaupt mal ein bißchen was ging. Das Mädchen von damals ist jetzt seit 40 Jahren meine Frau.

Sie hat schon lange keine Lust mehr zum Sex. Sie ist derselbe Jahrgang wie ich, aber schon lange weg davon. Das ist schon ein Problem. Ich wär' noch voll da, und sie lehnt alles, was in dieser Beziehung drin wäre, ab. Sie ist direkt puritanisch.

Sie ist immer so gewesen, mit ihr hab' ich nie Höhenflüge erlebt, da ging es noch nie mit Phantasie, immer nur treudeutsch. Ich bin ihr trotzdem lange treu geblieben, fast 30 Jahre lang. Vor zehn Jahren, da hat es mich dann erwischt. Da hab' ich im Geschäft eine kennengelernt, die hat mich angesponnen. Ein sehr junges Mädchen, gerade 18 Jahre alt. Da war ich dann der Lehrer und sie der Schüler, gerade umgekehrt wie damals bei mir in Frankreich. Sie war sehr wißbegierig und aufgeschlossen, überhaupt nicht verklemmt, modern halt, wie die heute sind. Mit der war ich zwei Jahre lang zusammen, ein richtiges schönes Verhältnis. Wir haben uns praktisch jeden Tag gesehen und hatten immer Verkehr miteinander. Da ist auch immer jeder auf seine Kosten gekommen, das war unheimlich gut. Außer Samstag / Sonntag, da mußte ich ja zu Hause sein.

Sie lernte dann einen anderen kennen, einen jüngeren natürlich. Einen, mit dem sie sich auch zeigen konnte. Und nicht nur immer Liebe im Auto oder auf einem Hochsitz im Wald machen konnte. Mit mir mußte sie sich ja immer verstecken. Aber später hat sie mir gesagt, sie hätte nie mehr solche Orgasmen gehabt wie mit mir damals, obwohl die Umstände doch sehr erschwerend waren. Aber vielleicht auch gerade deshalb. Manchmal war es ja direkt brenzlig.

Seit es mit ihr aus ist, seit über sieben Jahren, hab' ich keine Frau mehr fürs Bett. Ich bin schon mal gelegentlich ins Bordell gegangen, das ist aber letztlich überhaupt nichts für mich. Das interessiert mich nicht, obwohl ich wirklich ein großes Defizit habe, was Sexualität betrifft. Es ist nicht etwa deshalb, weil ich dafür zahlen muß. Es macht mich nur einfach nicht an.

Das Mädchen von damals, die ist inzwischen fest mit einem anderen Mann zusammen. Aber nicht mit dem, wegen dem sie mit mir aufgehört hat. Ich hab' einen kleinen Nebenjob angenommen, da kann ich ungestört telefonieren. Und das tun wir seit über einem Jahr auch wieder sehr oft miteinander. Mehr ist nicht. Manchmal sehen wir uns auf der Straße, grüßen uns und laufen weiter. Meist sind wir ja beide nicht allein. Aber sexuell ist sie immer noch an mir interessiert und ich an ihr. Aber sie kann nicht von daheim weg, er ist ziemlich scharf hinter ihr her, so daß sie praktisch keine Gelegenheit hat, rauszukommen. Aber ich bin überzeugt, wenn ich sie mal irgendwo alleine erwische, daß dann schon wieder was los wäre.

Wir reden am Telefon darüber, wie es war und was wir so miteinander gemacht haben. Und da hab' ich dann fast immer einen Orgasmus, einfach durchs Reden mit ihr und durch die Erinnerung. Ich glaube, sie ist dann auch immer ganz schön aufgeladen. Sie sagt es nicht, aber ich merke es. Diese Telefonate sind wahnsinnig wichtig für mich geworden, eigentlich meine einzige wirkliche Sexualität derzeit. Aber um so intensiver.

Wie gesagt, meine Frau läßt mich schon lange nicht mehr mit ihr schlafen. Sie macht es mir ab und zu mit der Hand, aber selber will sie vom Sex nichts mehr wissen, ich darf sie nicht mehr groß anfassen. Das befriedigt mich natürlich nicht, so ein Leben. Ich weiß nicht, warum sie so geworden ist. Richtig aufgeschlossen oder gar geil war sie ja nie, aber manchmal hatten wir es doch schön miteinander im Bett. Da hat es ihr auch Spaß gemacht, soweit ihr das überhaupt möglich war. Einen Orgasmus hatte sie zwar nie, aber da war sie vielleicht einfach nicht der Typ dafür, bei ihrer Erziehung und dem ganzen gläubigen Getue. Schon das Wort Orgasmus an sich hat sie gestört. Über so was redet man nicht, hat sie immer gesagt, auch nicht unter Eheleuten.

Vor 18 Jahren hat sie eine Totaloperation gehabt, und seitdem will sie von Sex schon gleich gar nichts mehr wissen. Seitdem läuft bei ihr überhaupt nichts mehr. Ich hab' dann mal gemeint, ich kann sie wieder auf den Geschmack bringen, und hab' einen Pornofilm ausgeliehen und daheim abgespielt. Da war sie total entsetzt, wie ich ›so was Ekliges‹ anschauen könne. Ich darf keinen mehr heimbringen, jedenfalls nur noch heimlich. Ich mach' das jetzt einfach so, ich sag', ich hab' alle 14 Tage Kegeln, und dann geh' ich in einen Pornofilm, mehr nicht. Oder ich zieh' mich in meine ehemalige Werkstatt zurück, die ist direkt neben unserem Haus, da hab' ich ein zweites Videogerät. Und da schau ich mir dann heimlich Pornofilme an. Aber wenn sie dann plötzlich doch mal dazukommt, macht sie mir jedesmal Vorwürfe. Dann sag' ich, wenigstens sehen möchte ich, was es alles so gibt. Wenn ich weiß, sie kann nicht reinkommen, befriedige ich mich dabei. Aber nur das ist halt auch nicht das Richtige.

40 Jahre sind wir jetzt zusammen. Ich kann nicht sagen, es war keine gute Zeit. Das würde nicht stimmen. Aber so richtig glücklich war ich eigentlich nie mit ihr. Ich war sexuell lustvoll, und sie war es nicht. Sie hat bei der Liebe nie einen Muckser getan, hat sich halt wie ein Brett hingelegt,

167

bloß daß ich zufriedengestellt war und sonst gar nichts. Daß es mir praktisch so schnell wie möglich gekommen ist, damit sie wieder ihre Ruhe gehabt hat. An eine Scheidung hab' ich trotzdem nie gedacht, da bin ich nicht der Mensch dazu. Ich kann sie ja im Alter auch nicht einfach sitzenlassen.

Wenn ich mal die Frau Berger im Fernsehen anschau', die mit der Sexberatung, dann geht meine Frau aus dem Zimmer, so was schaut man sich nicht an, sagt sie. Ich hab' manchmal schon gesagt, das wär' doch vielleicht auch ganz interessant für dich, einfach mal andere Leute zu dem Thema zu hören, was die so für Probleme haben, aber davon will sie nichts wissen. Sie ist sonst eine gute Frau, auch im Haushalt und so. Man kann nichts sagen. Nur das eine, das ist halt ein Problem.

Ich muß ehrlich gestehen, ich bin schon so nebenher auf der Suche, daß da wieder was läuft bei mir. Aber so Damen, die inserieren, die kommen nicht in Frage, schon wegen Aids nicht. Da mach' ich es mir dann lieber selber, da hab' ich kein Risiko. Einmal hab' ich zu meiner Frau gesagt, ich muß mich leider selbst befriedigen, du fühlst dich dafür ja nicht mehr zuständig, und da war sie ganz entrüstet, daß ich das in meinem Alter noch mache. Da hab' ich sie gefragt, ja ist es dir denn lieber, wenn ich woanders hingehe, und sie hat gesagt, das würdest du ja doch nicht tun.

Früher, als meine Frau noch mit mir geschlafen hat, das geschah ja auch zu damaligen Zeiten höchstens einmal die Woche, wenn nicht sogar nur einmal alle zwei, drei Wochen, war ich schon oft gekränkt, daß sie nie einen Orgasmus gehabt hat. Daß sie es nie so richtig genossen hat. Da konnte ich machen, was ich wollte. Daß ich praktisch nur das Geld hergebracht hab', sonst war ich für sie zu nichts gut. Wie wir den 40. Hochzeitstag gehabt haben, hab' ich gesagt, also feiern tun wir nicht, da gibt's nichts zu feiern.

Ich bin in einem Heim aufgewachsen, weil meine Eltern, die waren schon früh auseinander und da hat mich meine Mutter dann in das Heim gesteckt, um mich vor dem Vater zu schützen, weil der sehr brutal war. Er hat sie auch immer geschlagen.

So hatte ich eigentlich wenig Zuhause und wenig Wärme. Ich hab' gedacht, wenn ich selber eine Familie hab', hol' ich das alles nach. Aber daraus ist nichts geworden.

Also Frankreich, das war für mich eine gute Sache, da war ich halt davon auch verwöhnt. Für mich gehört zur Sexualität viel Zärtlichkeit, die hab' ich auch mit dem Mädchen damals gehabt. Die war so unkompliziert, so warmherzig und liebevoll. Die hat mir nie einen Orgasmus vorgespielt, die hatte ihn. Und wenn er mal nicht kam, war es trotzdem schön für sie. Das hat sie immer gesagt.

Ich finde die heutige Zeit in puncto Sexualität sehr gut. Gerade wenn man so aufgewachsen ist wie unsere Generation, ist das geradezu befreiend, daß man so darüber sprechen kann. Da geht es mir erst recht nicht ein, daß ich praktisch so nebenherlaufen muß.

Ich hab' in meiner Brieftasche immer noch die Kalender von den beiden Jahren, in denen ich mit diesem Mädchen zusammen war. An den Tagen, wo was los war, hat sie immer einen Punkt reingemalt. Da sind viele rote Punkte drin. Ich hab' auch Nacktfotos von ihr gemacht, aber die hab' ich gut versteckt. Diese Frau war zufrieden mit mir, das hat mich glücklich gemacht. Das war halt das genaue Gegenteil von meiner Frau. Ich hab' am Anfang immer gedacht, bei meiner Frau, wenn wir erst einmal verheiratet sind, wird sie schon anders werden. Aber es hat alles nichts genützt. Ich hab' mit ihr meine Sexualität nicht ausleben können, nie.

Aber auch wenn sie nichts mehr mit mir haben will, eifersüchtig ist sie trotzdem. Wenn ich zum Beispiel sag', ich geh' zum Kegeln und rasier' mich vorher noch, sagt sie, das muß doch nicht sein, beim Kegeln muß man doch nicht rasiert sein, da stimmt doch etwas nicht. Ich weiß ja nicht, was sie denkt, was ich statt Kegeln mache. Aber wenn sie wüßte, daß ich dann im Pornokino bin, gäb' es die wüstesten Beschimpfungen. Sie vergönnt mir praktisch nichts, auch wenn sie selber nicht mag. Ich soll halt auch nichts mögen, sexuell. Ein zweites Mal würde ich sie nicht heiraten, aber eben wirklich nur aus dem einen Grund nicht mehr. In vielen Bereichen passen wir tausendprozentig zusammen, auch bei den Hobbys. Bloß halt nicht im Bett. Aber für mich wäre das Bett halt mit das Wichtigste.

Die andere, die würde mich vielleicht heute noch wollen. Wenn ich könnte, wie ich wollte. Ich war aufgrund dessen auch schon bei verschiedenen Wahrsagerinnen und hab' wissen wollen, ob es sich mal von selber löst, das Problem. Aber da sagt nur jede, daß ich selber sehr alt werde, aber meine Frau nicht. Was Genaues kann mir keine sagen. Da hab' ich schon viel Geld ausgegeben dafür, aber im Grunde ist das ja ein Quatsch.

Sagen wir mal, sie würde plötzlich sterben, alleine bleiben würde ich nie. Aber wenn, dann käme nur eine jüngere Frau in Frage. Eine gleichaltrige würde ich nie mehr heiraten. Und nur noch eine, wo es mit dem Sex gleich stimmt und ich nicht nur immer denk', das wird schon noch besser. Das wird es nämlich doch nicht.«

Orgasmus – gestern, heute, morgen

von Xenia Frenkel und Asta Scheib

Die Spurensuche ist schwierig. Läßt sich heute überhaupt noch nachweisen, wie es früher in den Betten zuging? Was unsere Urahninnen sexuell fühlten? Wieviel Vergnügen oder Mißvergnügen sie beim Koitus hatten? Sind sie häufig »gekommen«, selten oder gar nicht?

Der Begriff »Sexualität« tauchte erst am Anfang des 19. Jahrhunderts auf. Und erst zu diesem Zeitpunkt begann auch eine eigenständige wissenschaftliche Auseinandersetzung mit diesem Thema. Doch glücklicherweise hat das Vergnügen an der Liebe (oder das Gegenteil davon) unsere Ahnen ebenso beschäftigt wie uns heute. Dafür gibt es frühe Zeugnisse, Selbstdarstellungen, Untersuchungen. Doch – warum interessieren wir uns dafür? Was geht es uns an, ob unsere Ahnin beim Kartoffelschälen an die letzte Nacht mit dem Ehegespons dachte? Ob sie dabei feuchte Lippen bekam oder ob es ihr grauste?

Es geht uns sehr viel an. Denn: Mehr als es uns bewußt ist, haben unsere sexuellen Phantasien, Gewohnheiten oder Alpträume ihre kulturelle Tradition. Eine, die immer noch Einfluß auf uns hat, die in uns nachwirkt.

Wir glauben, in einer – trotz Aids – äußerst liberalen Welt zu leben. Dabei haben wir heute vermutlich sexuell noch mehr Illusionen als unsere Altvorderen, in deren Alltag Sexualität sehr viel realistischer erlebt wurde als heute.

Eines wissen wir sicher: Die Frauen früherer Zeiten hätten sich vermutlich eher die Zunge abgebissen, als zuzugeben, daß sie einen Orgasmus hatten. Heute machen wir es uns schwer, das Gegenteil zu bekennen.

Im sexuell eher freizügigen Griechenland fand man es zwar auch nicht angemessen, daß der Philosoph Diogenes auf einem öffentlichen Platz masturbierte. (Jahrhunderte später wäre er exkommuniziert worden, wenn er es im stillen Kämmerchen getan hätte.) Bei den Griechen galt Masturbation jedoch nicht als Vergehen, ebensowenig die Beziehung Gleichgeschlechtlicher. Sie achteten bei ihren sexuellen Gewohnheiten allein darauf, nicht gegen die Natur zu handeln, die Götter nicht zu erzürnen und nicht gegen die Sitten und Gebräuche des eigenen Landes zu verstoßen.

Natürlich machten sich verschiedene Theoretiker darüber Gedanken, was recht und unrecht im Bett ist. Auch darüber, wie es denn am besten klappen könnte. Dabei wurden, zum Beispiel in den *Problemata* des Pseudo-Aristoteles, erstaunliche Theorien entwickelt. Zum Beispiel der physiologische Grundsatz, daß Frauen von Natur aus kalt und feucht, Männer aber trocken und warm seien. Die Libido der Frau hat ebenso wie ihre Orgasmusfähigkeit im Sommer Hochsaison, im Winter sind damit die Männer dran. Viele alte Griechen grübelten darüber nach, ob der Koitus für Männer überhaupt gesund sei. Bei der Frau hatten sie daran erstaunlicherweise keinen Zweifel.

Hippokrates glaubte schon zu wissen, daß die physiologischen Vorgänge des Koitus bei Mann und Frau absolut identisch seien. Die Bewegung ihrer Körper, so meinte er, brächten durch die Erregung die Körpersäfte zum Schäumen und in Hitze. Beim Mann gelangen diese heißen Ströme ins Rückenmark, über die Nieren und Hoden schließlich ins Glied. Durch das steife Glied wird die Gebärmutter der Frau berührt; das erzeugt in deren Körper Lust und Wärme.

Diese Beschreibung deutet recht genau auf einen vaginalen Orgasmus hin; die Klitoris wird in diesen Texten nirgends erwähnt. Die Lust der Frau wird als völlig abhängig von der Aktivität des Mannes gesehen. Doch immerhin erlebt sie den gesamten Akt als lustvoll, während der Mann lediglich einen kurzen, wenn auch starken Orgasmus erlebt. Hat er den aber gehabt, ist für die Frau das Vergnügen ebenfalls vorüber. Das muß bereits Hippokrates als gewissen Mangel empfunden haben. Immerhin empfiehlt er der Frau, möglichst vor ihm zu »kommen«.

Daß er überhaupt zu ihr komme, darauf durfte die Griechin der Antike nur dreimal im Monat bestehen. Genügte ihr das nicht, wurde die Situation für sie prekär. Sah sich die Bürgerin der Polis nach einem Liebhaber um, so mußte das mit größter Vorsicht geschehen. Sonst stand ihr und ihren Kindern der Ausschluß aus der Gemeinschaft bevor. Der Status einer Sklavin. Nicht alle Frauen hatten da soviel Glück mit der Toleranz ihrer Umgebung wie Penelope, die Frau des Odysseus.

Das Christentum brauchte viele Jahrhunderte (und gelungen ist es bis heute nicht), bis es die »heidnischen Lüste«, die Mann und Frau zueinander treiben, nach und nach in den Griff bekam. Aus Gerichtsaufzeichnungen des frühen Mittelalters ist gut zu erkennen, was die Kirche von der Sexualität hielt. Ausschließlich von Hurerei, Ehebruch, Inzest, Homosexualität und Sodomie ist die Rede. Die Kirchenmänner jammern. So war der heilige Bonifatio außer sich, daß die Engländer den Ehestand gänzlich verschmähen, »sich durchaus weigern, legitime Ehefrauen zu haben und fortfahren, in Unzucht und Untreue zu leben wie wiehernde Pferde und schreiende Esel«. Alkuin klagt, das ganze Land sei von Hurerei überflutet, selbst der Anschein des Anstands fehle ganz und gar. Im 12. Jahrhundert dichtete Chaucer: »Es ist jetzt eine allgemeine Sünde / denn man trifft es fast überall / jeder vornehme Mann hat eine Frau und eine Buhle / und Frauen haben allgemein / ihren Ehemann und einen Liebhaber.«

Die Kirche vermochte ihre Schäflein nicht davon zu überzeugen, daß Sexualität schädlich und schändlich sei. Das hatte auch seinen Grund darin, daß allenthalben die Überzeugung fest verwurzelt war, sexuelle Enthaltsamkeit sei gesundheitsschädlich. Bei unterschiedlichsten Zipperlein verschrieben die Ärzte mehr Sex. Aphrodisiaka standen hoch im Kurs. Ein beredtes Bild der allgemein herrschenden Sinnlichkeit bot schon die Mode. Im 14. Jahrhundert trugen die Frauen tief ausgeschnittene, die Hüften betonende Kleider. Sie schnürten ihre halbentblößten Brüste so hoch, »daß eine Kerze darauf stehen konnte«. Die Männer liebten kurze Jacken, die das von engen Hosen umschlossene Glied betonten.

Das Mittelalter war im wesentlichen sittlich sehr unkompliziert. Männer und Frauen gingen durch öffentliche Straßen nackt zum Bade. Zumindest im Sommer. Wie in alten Volksmärchen oder in mittelalterlichen Rittersagen deutlich wird, gingen sexuelle Angebote meist von den Frauen aus. Für die tapfersten und mutigsten Ritter waren die Frauen durchaus offen. Dabei war es gleichgültig, ob sie verheiratet waren oder nicht. Der Ritter Gawan mußte sich offenbar lautstark gegen weibliche Angriffe wehren, die in unmißverständlichen Worten gemacht wurden: »Siehe mein Körper, wie er wohl gerüstet ist / Feste Brüste, weiß der Hals, hell das Antlitz / so küsse mich denn, freier edler Ritter / und tue mit mir alles nach deinem Belieben.«

Das war natürlich nicht das sexuelle Ideal der Mutter

Kirche. Sie entwickelte einen geradezu pathologischen Drang, ihre Vorstellungen von Sexualität durchzusetzen. Das hieß, daß der Koitus durch und durch verwerflich sei und daher wie die Pest zu meiden, wenn er nicht als die höchst bedauerliche Voraussetzung zur Fortpflanzung nötig wäre. Vorschriften und Verbote, für die so prominente Heilige wie Augustinus, Paulus oder Thomas von Aquin verantwortlich zeichneten, versuchten den Menschen die Lust an der Lust auszutreiben. Unter anderem wurde auch der Liebestöter Nachthemd erfunden. Noch im Luther-Deutschland schliefen Mann und Frau, alt und jung, verwandt oder bekannt, im Haus, im Kloster oder in der Herberge, nackt gemeinsam auf dem großen Bettlager. In vielen Regionen gab es den Brauch der sexuellen Gastfreundschaft.

Vor allem auf dem Lande hatte es die neue Mode schwer, sich durchzusetzen, obwohl das Fegefeuer drohte für alle Nacktschläfer. Noch im 18. Jahrhundert kannte man in vielen ländlichen Gebieten Frankreichs das Nachtgewand nicht, während in der Stadt schon, je nach Stand, kratzendes Leinen die nächtlichen Lüste vertreiben sollte. Jede Form des sexuellen Verkehrs, ja schon erotische Anspielungen durch Kleidung, Blicke, Gesten oder Worte waren geächtet. »Hurerei« war eine schlimmere Sünde als Mord. Selbst zwischen Verheirateten galt es schon als Hurerei, wenn offenbar wurde, daß der Mann seine Frau liebte und begehrte. Sündige Gedanken, Gedanken an einen Kuß zum Beispiel, verlangen 40 Tage Buße.

Die Sünde aller Sünden war für die Kirche jedoch die Masturbation. Alles Sinnen und Trachten wurde darangesetzt, schon den Eltern beizubringen, daß sie ihre Kinder davon abhalten mußten. Eine perfide Strategie, wie wir heute wissen.

Mit der massiven Verdammung alles Sexuellen wurde

auch die Frau demoralisiert. Sie sank im gesellschaftlichen und moralischen Ansehen immer tiefer, sie verkörperte bald das Böse schlechthin. Allein der Kontakt mit der Frau wurde als Verunreinigung angesehen: subtile Vorbereitung zu der bald einsetzenden Verfolgung von Frauen. Einer Hexenjagd, deren Auswirkung wir bis auf den heutigen Tag spüren.

Trotz dieser Verbote und Strafen wurden die Grenzen, die fast jede Kultur der Leidenschaft zieht, von einzelnen oder von Gruppen immer wieder überschritten. Überall gab und gibt es Schleichwege der Lust. Einer dieser Schleichwege war der Kiltgang, einer der wichtigsten Bräuche des ganzen germanischen Europa von Skandinavien bis in die Schweiz. Der Kiltgang erlaubte es jungen Mädchen, sich mit ihren Liebhabern in der Intimität des Zimmers zu treffen. Natürlich sollte man sich offiziell dort nur aussprechen, aber manchmal passierte eben mehr. Kam es zu einer Schwangerschaft, so galt das durchaus als ehrenhaft. Dieser Brauch erhielt sich lange; noch bis zum vorigen Jahrhundert suchte sich in den französischen Pyrenäen die Bäuerin ihren Gatten unter mehreren Kandidaten nach einer »Probe« aus.

Fast überall in Europa galt der Beischlaf als Eheversprechen und offizielle Verlobung. Man schlief miteinander im Hinblick auf die legale Bindung. Nur teilweise gelang es der Kirche, die Verlobung ganz von sexueller Betätigung zu trennen. In der Stadt passierte es (vor allem in Adelskreisen) häufig, daß sich die »unschuldige« junge Braut und der unerfahrene junge Mann das Jawort gaben, wie es die Kirche verlangte. Auf dem Lande dagegen wußten die jungen Mädchen recht gut, was sie in der Ehe erwartete.

So waren die Ehen des Adels und des gehobenen Bürgertums zu Beginn der Neuzeit für unsere Begriffe eher unbefriedigend. Fast immer wurden sie aus wirtschaftlichen Erwägungen geschlossen. Oftmals gegen den Willen der Betroffenen, die sich manchmal gar nicht kannten. Die Ehefrau war eher Teilhaberin des Geschäfts als Geliebte. Befriedigung hatte sie in der Führung des Haushalts zu finden. Der eheliche Beischlaf war relativ selten und gewiß ohne Raffinement. Der Mann ejakulierte, wie es eben kam. Er kümmerte sich nicht darum, welche Gefühle seine Frau dabei hatte. So ist es jedenfalls bei den Chronisten zu lesen. Sie schildern, daß viele Ehefrauen die intime Tyrannei ihres Ehemannes beklagen.

Ausnahmen bestätigen ja immer die Regel. Und so sind sicher die Aufzeichnungen von Tallemant des Réaux zu verstehen. Er verkehrte im 17. Jahrhundert in den Pariser Salons und sammelte dort Stoff zu seinen Berichten, die inzwischen eine wichtige kulturgeschichtliche Quelle darstellen. Er erzählt zum Beispiel von einem jungen Offizier, der seiner Frau Liebesbotschaften mit phallischen Zeichnungen zukommen ließ. Auch von einem Maler, der der Königin Anna von Österreich beichtete, daß er sein Dienstmädchen geheiratet habe, »weil sie so schöne Geschlechtsteile hat«. Eine andere Zeugin für eine geglückte Verbindung, Madame de Canoye, beichtet Kardinal Richelieu, die Umarmungen ihres zweiten Gatten seien den Genüssen des Paradieses sicher ebenbürtig.

Sogar im prüden hugenottischen Milieu erklärt die Frau des Pastors Aubertin öffentlich, sie zöge die Flöte ihres Mannes jedem anderen Musikinstrument vor. Casanova wiederum berichtet vom Kölner Bürgermeister und seiner Gattin (1760), daß sie mindestens einmal täglich den Koitus vollzogen, außer, wenn sie menstruierte. Der Londoner

Astrologe Simon Forman, der die dreißig Jahre jüngere Erbin von Kent ehelichte, notierte in seinem Tagebuch, wie er sie im Verlauf des ehelichen Koitus schließlich zum Orgasmus brachte. Noch nach vielen Jahren Ehe schlief er mindestens jeden dritten Tag mit ihr. Er beschrieb auch das Vergnügen, das er seiner Frau bereitete.

Zeugnisse sinnlicher Verbindungen sind auch die Bilder berühmter Maler wie Rembrandt und Rubens. Zunächst die Selbstporträts mit Isabella, später die Darstellungen seiner zweiten Gefährtin Helene – wie sie nackt in einen Pelzmantel gehüllt das Bad verläßt.

Das Zeitalter der Vernunft, das 18. Jahrhundert, brachte mehr Licht in die, trotz aller Ausnahmen, mit Verboten verdüsterten Liebesbeziehungen. In Deutschland vertraten vor allem zwei berühmte Philosophen, Schlegel und Schleiermacher, eine liberale Richtung. Sie setzten sich nachdrücklich dafür ein, daß es schon vor der Ehe Liebesbeziehungen geben müsse, damit die Frau nicht nur Gattin, sondern auch Geliebte, Gefährtin, Freundin und Mutter sein könne.

Ein Widerruf allzu liberaler Ideen kam jedoch mit der Regierungszeit der englischen Königin Viktoria. Die Prüderie des viktorianischen England fand in ganz Europa Widerhall. Jetzt galt es wieder als Beschimpfung, einer Frau zu sagen, sie sei sexueller Gefühle fähig.

Doch nicht nur Königin Viktorias sexualfeindliche Moralvorstellungen machten die Liebe wieder zum Sündenbock. Mit dem Beginn der Industrialisierung wurden die Bedingungen für glückliche sexuelle Beziehungen in der Ehe vollkommen unmöglich. Zumindest für die arbeitende Klasse. Die Großstädte wuchsen ständig, ein riesiges Heer unterbezahlter Fabrikarbeiter vegetierte am Existenzminimum dahin. Familien hausten oft zu acht oder zehn Personen in einem Raum. Ohne Licht und Wasser. Da war kein Raum für Liebe. Eher für Vergewaltigung. Keine Zeit berichtet über so viel rohe Gewalt in der Ehe. Todesfälle waren nicht selten. Für die Frauen hieß die eheliche Pflicht immer: noch weniger Geld zum Leben, denn jedes ungewollte Kind machte die Lage noch verzweifelter. Abtreibung, Krankheit, Kindbettfieber und Tod – damit hatten die Frauen sich abzufinden. Zwar gab es auch damals schon Kondome, doch sie wurden ausschließlich von Prostituierten benutzt. Oder von den Libertins. Für die Arbeiterklasse war Sex ein Luxus, den man sich nicht leisten konnte. Bezeichnenderweise stand das englische Wort *to spend* (gleich dem Ausdruck *to spend money*) für *to ejaculate*. Es wurde erst mit Beginn dieses Jahrhunderts durch das umgangssprachliche *to come* ersetzt.

Die Armen konnten nicht, die Reichen durften nicht. Die Bürger des viktorianischen Zeitalters unterlagen einer grausamen, frauenverachtenden Sexualfeindlichkeit, die sich hinter Bigotterie und Moralität verbarg. Die meisten jungen Frauen wußten vor der Hochzeit kaum, daß es zweierlei Geschlechter gab. Den jungen Männern ging es wenig besser, wenn sie nicht den Weg zu einer der vielen Prostituierten fanden, die sie »aufklärten«. Diese jungen Familien bekamen als Mitgift Verbote und Vorschriften mit ins Ehebett. Lustvolle Sexualität wurde schon im Keim erstickt.

Wir aufgeklärten, freiheitsliebenden Menschen des ausgehenden 20. Jahrhunderts können uns wahrscheinlich in die Lage unserer Vorfahren kaum mehr hineinversetzen.

Und doch. Allzulange ist es auch für uns noch nicht her, daß wir unsere Lust auf dem Schwarzmarkt der Liebe erhandeln mußten. Die etwas Älteren unter uns erinnern sich noch an die fünfziger Jahre. An die repressive Sexualerziehung der Adenauer-Ära. Überall Tabus. Kurzer Rock? Unanständig. Sex vor der Ehe? Streng verboten. Liebemachen? Darüber redet man nicht. Vor allem aber aus Angst vor einer unerwünschten Schwangerschaft konnten die Jungen den Sex ihrer frühen Jahre nicht genießen. In den Liebeslauben der Fünfziger, auf den Rücksitzen der Volkswagen oder im kalten Schrebergartenhaus war der Coitus interruptus das Gebot der Stunde. Von Orgasmus keine Spur.

Rettung versprach die sexuelle Revolution der 68er Jahre. Sie förderte den Sex aus den dunklen Eheschlafzimmern zutage. Sexualität war kein Geheimnis mehr, sie war in aller Munde. Jeder konnte sich bedienen. Wer irgendwie dem Elternhaus entwich, zog von einer studentischen Wohngemeinschaft in die andere. Jeder schlief mit jedem. Denn, so hieß es damals: Wer zweimal mit derselben pennt, gehört schon zum Establishment. Alles, nur das nicht. Eine beständige Liebesbeziehung? Hoffnungslos vermufft. War man schon fest verbandelt, gestand man sich flugs alle Freiheiten zu. Statt des Eherings schenkte man sich gegenseitige Offenheit. Nicht mehr Fremdgehen war Betrug, sondern Heimlichkeit. Eine grausame Theorie. Sie machte auch so recht niemanden glücklich. Viele fanden sich schließlich verlassen auf dem Matratzenlager und fragten sich, was sie falsch gemacht hatten.

Der Orgasmus hielt sich bedeckt. Da, wo Sexualität als Gesellschaftsspiel präsentiert und gelebt wird, macht er sich dünn.

Ja, hat uns denn die sexuelle Revolution gar nichts gebracht? War unser Kampf gegen Heuchelei, Doppelmoral und Diskriminierung des Sex vergebens? Keineswegs. Wir haben heute sexuelle Freiheit. Wir haben mehr Wissen über unseren Körper, mehr Sicherheit vor ungewollter Schwangerschaft als je eine Generation vor uns. Wer heute sexuelle Probleme hat, ist damit nicht mehr allein. Zumindest kann er darüber reden. Wenn er keine Freunde hat, die er ins Vertrauen ziehen kann, sind überall Fachleute zu finden, die sogar vom Staat für ihre Beratungsaufgabe bezahlt werden. Oder von den Krankenkassen. Es gibt informierende Literatur in großer Vielfalt.

Eine Zeitlang schien es allerdings, als hätte die große Virusangst, die Immunkrankheit Aids, unserer Lust auf Sex, unserer Jagd nach dem Orgasmus den Garaus gemacht. Niemand wollte noch etwas von Höhepunkten wissen. Die Rede war eher von den Niederungen der Lüste. Weltweit wurde eine neue Ideologie ausgerufen: *Safer Sex*. Wenn es denn schon sein muß. Täglich neu unter Beschuß durch Meldungen über mögliche Ansteckung, begannen wir, unsere diesbezügliche Vergangenheit zu durchkämmen. Bei einer Inkubationszeit von acht bis zehn Jahren kam so mancher ins Sinnieren. Vergessen war die Suche nach dem G-Spot. Sogar der Love-Spot schien uns zu riskant. Hektisch fahndeten wir nach dem Dark-Spot, dem dunklen Punkt in unserer Liebeskarriere. Wir erwogen den Aidstest. Kämen wir mit einem blauen Auge davon, sollte es für unser künftiges Leben nur mehr einen einzigen (ebenfalls getesteten) Bettgefährten geben. Diese monogame Beziehung schreit natürlich geradezu nach kreativem Orgasmuskonsum.

Da, wo die neue Ideologie heißt, daß Liebe ist, wenn Treue Spaß macht, da wird die Phantasie in die Pflicht genommen. Die sexuelle Revolution geht in eine neue Runde. Aber diesmal mit Gefühl. Die alten Werte *Liebe* und *Treue* sind die Favoriten: Heuchelei und Doppelmoral können jetzt tödliche Folgen haben. Die Zukunft gehört den Glücklichen, deren Liebesfähigkeit stärker ist als die Neugierde auf immer andere Haut. Die sich in der Geborgenheit einer einzigen Liebesbeziehung wohler fühlen als in sexueller Promiskuität. Ein Liebesleben allein reicht gar nicht aus, um den anderen in seinem Geheimnis zu ergründen. Ihn mit Zärtlichkeit zu sättigen. Selbst von ihm mit Zärtlichkeit gesättigt zu werden. Zwei, die sich lieben, können gemeinsam den Weg des kreativen Orgasmuskonsums gehen. Liebe und ein bißchen Wahnsinn sind die besten Freunde des Orgasmus.

Liebe nach der Tagesschau

von Brigitte Lämmle

»Nach der Spätausgabe der Tagesschau langt er mir an den Busen, kneift mich in den Po, und dann geht es ab ins Bett. Nach zehn Minuten ist alles vorbei.«

Okay. Das kann passieren und kann auch einmal ganz vergnüglich sein. Aber wenn es zur Gewohnheit wird, ist dies der Tod jeder sexuellen Lust. Und ein unfruchtbares Gelände für den Orgasmus. Trotzdem sollte kein Paar Orgasmusschwierigkeiten zum Problem machen. Sonst ist das ganze Thema Sexualität mit zuviel negativer Energie geladen. Man muß schließlich nicht gleich Weltmeister sein und sollte deshalb nicht sein gesamtes Sexualverhalten in Frage stellen. Erst einmal sollte man sich akzeptieren, wie man ist.

Sich akzeptieren, wie man ist

Wer Einschlafschwierigkeiten hat und das Einschlafen erzwingen will, scheitert. Mit der Lust ist es ähnlich. Wer sich sagt, ich will jetzt unbedingt auch all die Super-Sensationen erleben, von denen man soviel sieht und hört, der verstärkt in sich nur den Widerstand. Wir müssen von diesem verkrampften »Ich kann nicht« und »Ich habe nie« weg. Besser ist: »Ich kann immerhin« und »Ich hab' immerhin«. Das heißt, wenn ich nicht Weltmeister werden kann, werde ich zunächst einmal Stadtteilmeister. Immerhin weiß ich jetzt, wo meine erogenen Zonen sind. Ich weiß, wo mein Partner am liebsten gestreichelt werden möchte. Ich kann sogar bei der Masturbation (Selbstbefriedigung) einen Orgasmus haben. Schließlich ist nirgends festgeschrieben, daß Sexualverkehr immer im gemeinsamen Orgasmus enden muß. Dieser Leistungsdruck macht besonders den Männern zu schaffen, die unter vorzeitigem Samenerguß leiden. Sie haben dauernd Angst, versagt zu haben und immer wieder zu versagen.

»Bei ihm geht es immer so schnell. Und ehe ich überhaupt anlaufe, ist es schon vorbei.« Das höre ich von vielen Patientinnen. In einem Fall war der Mann dabei. Ich habe ihm erklärt, daß es für seine Frau sehr enttäuschend und sogar körperlich schmerzhaft sein kann, wenn sie erregt und der Koitus schon lange vor ihrem Höhepunkt vorbei ist. Ich habe ihm aber ebenfalls gesagt, daß ich auch seine Schwierigkeiten sehe. Und daß es durchaus Wege gibt, aus dieser für beide Teile enttäuschenden Situation herauszukommen.

Im Laufe des Gesprächs stellte sich heraus, daß der Mann nach dem Samenerguß »wie in ein tiefes Loch fällt«. Daß er mit sich allein sein muß. Daß er es aber gern hätte, wenn ihn seine Frau nach einer gewissen Zeit wieder streicheln, neu motivieren könnte. Dann würde er ihr seine volle Aufmerksamkeit und Zärtlichkeit wieder widmen können.

Liebe ohne Streß

Ein Paar, das kleine Kinder hat und immer die Schlafzimmertür offen läßt, um nur ja keinen Piepser zu überhören, hat beim Liebemachen nicht viel Chancen. Wie soll man sich auf den anderen, auf seinen Körper, seine Lust, konzentrieren können, wenn man mit einem Ohr immer ins andere Zimmer lauscht? Wie soll man seine eigene Lust entdecken, wenn ständig das Telefon klingelt oder der Fernseher orgelt? Für die Liebe muß man sich Zeit nehmen. Ganz besonders dann, wenn man das Gefühl hat, daß sich etwas ändern muß. Da kann es gut sein, daß man eine ganze Nacht lang füreinander Zeit hat, und sei es nur, um miteinander spielerisch zu schmusen, zu reden, sich zu streicheln.

Liebe — eine todernste Angelegenheit?

Es darf auch gelacht werden. Anstatt verkrampft zu denken: Herrgott, das klappt ja heute wieder nicht, ist es besser, miteinander rumzublödeln, absichtslos rumzuspielen. Ich erfahre in meiner Praxis immer wieder fassungslos, daß Liebe in deutschen Betten eine todernste Angelegenheit zu sein scheint. Ich habe in einer Zeitschrift einen Artikel über Aids und entsprechende Schutzmaßnahmen veröffentlicht, da ich von vielen Frauen gehört hatte, daß Männer sich weigern, Kondome zu benutzen. Davor muß man natürlich warnen. Den Frauen habe ich geraten, sie sollten beim Rüberfummeln doch ein bißchen Phantasie entwickeln, damit das eine lustige Unternehmung und nicht peinlich wird. Was habe ich da für Leserbriefe bekommen! Daß ich bei einem so ernsten Thema das Wort »fummeln« gebrauche und überhaupt. Ich wüßte wirklich gern, was beim Liebemachen denn so ernst sein soll.

Schritt für Schritt rein ins Vergnügen

Es gibt absolut keinen Grund, sich zum Geschlechtsverkehr zu zwingen. Das ist die einzige Todsünde, die es in der Sexualität gibt. Ansonsten schlage ich folgenden Weg vor:

Erster Schritt: Ich *darf* Liebe machen, ich habe Lust dazu. Und wenn es nicht so klappt, wie ich mir das wünsche, kann ich es lernen.

Zweiter Schritt: Ich bin keine Flasche, wenn ich keinen Orgasmus habe. Es gibt jede Menge anderer Frauen, denen es genauso geht.

Dritter Schritt: Ich will vom anderen alles erfahren. Ich will mit ihm ganz vertraut, ganz intim werden. Ich frage ihn, wie seine sexuelle Entwicklung war. Wie ist er erzogen, aufgeklärt worden? Wie hat er das erste Mal den Sex erlebt und so weiter.

Vierter Schritt: Wir werden alle Leistungsmaßstäbe aus dem Schlafzimmer rauswerfen. Wir wollen zunächst nur das machen, was uns in den Sinn kommt. Was jeder von uns beiden am liebsten hat.

Fünfter Schritt: Wir werden miteinander erotische Bücher anschauen, neue Stellungen ausprobieren. Wir wollen uns dafür Zeit nehmen, aber uns nichts aufzwingen lassen. Auch nichts bierernst nehmen, sondern spielerisch ausprobieren, was zu uns paßt.

Sechster Schritt: Wir wollen unserer Phantasie freien Lauf lassen. Uns vielleicht sogar unsere Phantasien erzählen. Vielleicht gehen wir auch miteinander in einen Pornofilm. Wir wollen unsere Angst, nicht »normal« zu sein, abbauen. Wir haben gelernt, daß der sexuellen Phantasie keine Grenzen gesetzt sind, daß diese Grenzen nur in uns selber liegen.

Niemand ist sexuell minderbemittelt

Wir sind sexuelle Menschen. Jedes Kind, wenn man es ihm nicht verleidet, spielt lustvoll an seinem Körper, hat Orgasmen, ehe es auch nur eine Ahnung davon hat. Jeder von uns produziert sexuelle Erregung, um Sexualität zu haben. Für die Sexualität gibt es keine begründbare Mangelsituation. Jeder kann sich in einen sexuellen Prozeß einschalten, um sich selber zu erregen. Wir müssen innerlich bereit sein, uns auf Sexualität einzulassen. Nur wer dazu innerlich bereit ist, ist auch bereit, einen Orgasmus zu haben.

Zärtlichkeit – nicht immer Auftakt zum Sex

Das ist oft ein fatales Mißverständnis zwischen Mann und Frau, unter dem fast immer die Frauen leiden. Oftmals wollen Frauen nämlich nur schmusen und nichts weiter. Und sie wollen auch Zärtlichkeit verschenken können, ohne daß dafür Sex zurückgefordert wird. Viele Frauen erleben es als frustrierend, wenn Männer erst im Bett beginnen, ihren Körper zu streicheln. Wenn sie am Tag niemals zur kleinsten Zärtlichkeit bereit sind. Wenn die Sexualität allein für die Zuwendung zum Partner herhalten muß. Dagegen muß die Frau sich dann wehren.

Jeder Mensch ist ganz alleine für seinen Körper zuständig. Es heißt zwar, mein Körper gehört mir, doch viele Menschen vernachlässigen ihren Körper, ja, sie lassen ihn verkommen. Genauso gehen sie auch mit der Sexualität um. Man muß seinen Körper schützen, ihn aber auch herschenken können. Vor allem viele Frauen leben immer noch so, als gehöre ihr Körper nicht ihnen selbst, sondern immer noch den Eltern. Sie fühlen sich für ihren Körper nicht verantwortlich. Daher ist es für sie fast unmöglich, Sexualität befriedigend zu erleben. Denn: Wer die Einstellung hat, daß der andere es in Sachen Sex schon richten wird, der hat immer die passive Einstellung: Ich lege mich hin und warte, was passiert. Und dann passiert gar nichts.

Mein Körper, das bin ich

Den anderen streicheln bedeutet auch, dem anderen etwas zu schenken, die Verantwortung übernehmen. Erst wenn ich begriffen habe, daß ich für meinen Körper, für meine Erregung zuständig bin, nützt mir meine sexuelle Energie etwas. Ich erhitze meinen Unterleib nicht, damit die Wärme auf den anderen übertragen wird, sondern ich zünde ihn an, um Sexualität zu genießen. Erst wenn ich selber für die Wärme in meinem Unterleib sorge, bin ich selber zum Sex bereit. Das ist bei vielen Frauen ein entscheidender Faktor: Sie erwarten immer noch vom Mann, daß er sie so lange stimuliert, bis irgend etwas passiert.

Harmonie kontra Sexualität

Paare, die sehr harmoniebedürftig sind, scheuen oft die Sexualität. Sie sehen darin eine Art Angriffs-Sport, den sie fragwürdig finden. Manche Paare schlafen ja besonders leidenschaftlich miteinander, wenn vorher ein riesengroßer Krach stattgefunden hatte. Paare, die extrem auf Harmonie angewiesen sind, empfinden Sexualität dagegen − unbewußt − als etwas Bedrohliches, Beunruhigendes. Auch als etwas, bei dem Defizite aufgedeckt werden könnten. Deswegen schlafen sie immer seltener und bald gar nicht mehr miteinander. In der Therapie ist es zunächst wichtig, die Hintergründe dafür zu erfragen.

Hausaufgaben im Schulfach Sex?

Warum nicht – wenn sie spielerisch und lustvoll gemacht werden. Schließlich schreiben wir nicht über eine Krankheit. Oder über ein Stigma oder über eine todernste Sache. Wir schreiben über eine Sache, die dazu da ist, daß wir Spaß miteinander haben, daß wir miteinander die schönste Nebensache der Welt genießen können.

Frauen, die ihre Männer bewußt – oder unbewußt – bestrafen wollen, indem sie sich ihnen verweigern, wissen nicht, um was sie sich bringen. Sexualität ist eine Quelle unendlicher Vitalität.

Zärtlichkeit und Sexualität hängen ganz eng zusammen. Was man dabei im einzelnen tut, ob man mit dem Partner »schläft« oder »nur« miteinander schmust und spielt, ist nicht entscheidend. Entscheidend ist das Geschenk an den Partner, das Geschenk an sich selbst.

* Erzählen Sie Ihrem Partner, wie Sie bislang Sexualität erlebt haben. Das kann entkrampfend wirken, den Leistungsdruck nehmen.

* Umwerben, verführen Sie ihn. Machen Sie ihm ein Kompliment, sagen Sie ihm etwas Liebes, was Sie in diesem Moment auch wirklich fühlen. Küssen Sie ihn, erst in die Mundwinkel, dann dringen Sie mit Ihrer Zunge ein. Oder spielen Sie mit seinen Lippen, lecken oder knabbern Sie, wie es Ihnen Spaß macht. Sie spüren dann schon, ob er es mag.

* Schauen Sie ihn an. Ruhig, lange, tief. Der Partner muß spüren, daß es Ihnen um ihn geht, nur um ihn. Sagen Sie ihm, daß Sie den Geruch seiner Haut mögen. Streicheln und küssen Sie seine Hände, die Innenflächen, die Fingerspitzen.

* Wenn Sie beide es mögen, gehen Sie mit Ihrem Partner zum Tanzen. Wenn es nicht unangenehm auffällt, drücken

Sie sich eng an ihn, legen ihm die Hände auf die Pobacken. Sagen Sie Ihrem Partner, wie schön er gerade in dieser Beleuchtung aussieht.

* Paare, die gern miteinander tanzen, können dies auch nackt in der Wohnung zu ihrer Lieblingsmusik tun. Entsprechende Kassetten einlegen.

* Treiben Sie gemeinsam Sport. Gehen Sie schwimmen. Es macht Lust auf Sex, wenn Sie im Wasser den anderen spüren, ihn küssen.

* Nehmen Sie sich Zeit für die Liebe. Ziehen Sie sich gegenseitig langsam aus. Jeder liebkost dabei den anderen.

* Viele Paare genießen es, sich gegenseitig mit duftenden Ölen zu massieren. Es gibt sehr schöne Öle in Indien-Läden. Doch auch jede Drogerie hat duftende Körperöle oder Lotionen, deren Duft den Genuß am Körper des anderen noch intensiviert. Vorausgesetzt, beide mögen es.

* Wenn man weiß, daß der Zug in Richtung Liebe abfährt, kann es die Lust erhöhen, sich darauf einzustimmen. Sich schön und verführerisch anzuziehen, den Raum entsprechend vorzubereiten. Blumen, Kerzen, Früchte, ein guter Drink . . .

* Sagen Sie Ihrem Partner, was Sie an ihm besonders mögen: seine Augen, den Mund, vielleicht die Hände, den Po, die Beine. Es muß Ihnen aber auch wirklich danach zumute sein.

* Verraten Sie Ihrem Partner auch, welche seiner Zärtlichkeiten Sie ganz besonders mögen. Sprechen Sie auch aus, was Sie sonst noch mit ihm tun, ausprobieren möchten. Sagen Sie ihm, daß Sie mit keinem anderen Partner dieses oder jenes derart intensiv genossen hätten — aber nur, wenn es auch der Wahrheit entspricht.

Die Chakra-Massage

Diese Art der Massage geht davon aus, daß unser Körper sieben Energiezentren (Chakren) hat. Sie liegen am unteren Ende des Rückgrats, im Genitalbereich, im Zwerchfell, in der Herzgegend, am Hals, in Stirn und Augen, in der Fontanelle. Überall da sitzen unsere Energiequellen. Indem er die flache Hand fest auflegt, kann der Partner auf diese Chakren einen spürbaren Druck ausüben. Sagen Sie ihm, an welcher Stelle es Ihnen guttut. Jeweils drei bis vier Minuten flach und fest die Hand aufdrücken und dadurch die Energien zum Fließen bringen.

Mit Hilfe dieser orientalischen Massage versucht man, den in der Wirbelsäule aufsteigenden Energiestrom in Gang zu setzen, wobei die sechs psychischen Zentren oder Chakren wirksam werden, bis sie den höchsten Punkt am Kopf erreichen. In jedem dieser Zentren drückt sich die individuelle psychologische Struktur des Menschen aus. Das heißt, jedes Chakra bietet eine eigenständige Möglichkeit, die in uns vorhandene Energie dem anderen zu vermitteln.

Das erste Chakra (Muladhara-Chakra) befindet sich am unteren Ende des Rückgrats. Es ist das Wurzel- oder Grund-Chakra. Wenn die Energie hier niemals gelöst wird, können wir nicht genießen, nur existieren.

Das zweite Chakra (Svadisthana-Chakra) liegt im Unterleib, in den Genitalien. Hier hat die sexuelle Energie des Menschen ihren Mittelpunkt. Hier kann sich am ehesten etwas verändern. Hier können wir lernen loszulassen, sexuelle Wünsche und Energien freizusetzen.

Das dritte Chakra (Manipuraka-Chakra) liegt in der Höhe des Bauchnabels. Hier ist die Energie auf Macht gerichtet, darauf, sich alles einzuverleiben, Gewinner zu sein.

Das nächste Chakra (Anahata-Chakra) liegt im Herzzentrum und gilt als Chakra der Liebe. An diesem Punkt vereinigen sich die Gegensätze. Man handelt ohne Egoismus, mit Liebe. Wenn wir jemanden lieben, wollen wir ihn eng an die Brust drücken. Wer von diesem Chakra ausgeht, wendet sich dem anderen liebevoll zu.

Über diesem Chakra liegt das nächste, das Visuddha. Es befindet sich am Halsansatz und ist dazu da, die unteren Chakren auf der Reise zu den höheren zu reinigen, sie zum inneren Licht zu führen. Die Energie ist nach innen gerichtet.

Das nächste Chakra (Ajnna) befindet sich zwischen den Brauen, im sogenannten »Dritten Auge«. Es ist der Sitz der geistigen Macht und Erkenntnis. Wenn die Energie hier angekommen ist, hat man die höchste Sphäre innerer Autorität erlangt.

Das Chakra am höchsten Punkt des Kopfes, das Sahasrara, macht göttliche Energien frei.

Wir können diese komplizierte Lehre von den Chakren hier nur unvollkommen wiedergeben. Wichtig ist, daß Sexualität und Spiritualität bei dieser Massage zusammentreffen, wobei die Sexualität nur eine der Ausdrucksformen der reinen Lebensenergie ist. Die Massage der Chakren kann uns wunderbar davon ablenken, ständig auf den Orgasmus fixiert zu sein. Unser ganzer Körper wird einbezogen, man bereitet sich auf die Liebe vor, aber man zwingt sich zu nichts. Man fordert nichts, sondern läßt sich fallen. Genau dadurch kann die Chakra-Massage einen Orgasmus auslösen, denn der ganze Körper wird bei der Massage gut durchblutet und kann sich öffnen.

Während der Massage faßt man den anderen liebevoll und behutsam an, man kann sich in seinen Atem vertiefen, kann intensiv mit seinen Gefühlen in Berührung kommen.

Man kann auch lernen, Liebeslaute von sich zu geben. Die Scheu überwinden, den Mund aufzumachen bei der Liebe. Viele von uns leben in kleinen Wohnungen, haben schon früh gelernt, bei der Liebe nur ja nicht laut zu werden. Sei es, daß wir nicht von unseren Eltern ertappt werden durften. Sei es, daß wir nicht mögen, daß unsere Kinder uns hören. Jedenfalls haben wir nicht gelernt, Liebeslaute von uns zu geben, wir haben das beibehalten. Wie schlimm: den Orgasmus schweigend erleben zu müssen.

Durch Intim-Massage kann man diese Scheu überwinden. Den Partner stimuliert es, wenn er hört, daß er uns erregt. Wer den Mund zuläßt, wer die Zähne zusammenbeißt, wer gar in ein Kissen beißt, damit niemand etwas hört, der kann gar nicht explodieren.

Sexualität und Phantasie

von Marina Gambaroff

Ich gehe davon aus — und es bestätigt sich in meiner psychoanalytischen Praxis immer wieder —, daß die Sexualität unser Leben in einem viel größeren Maße bestimmt, als es uns bewußt ist. Sicherlich hat das auch etwas mit mir zu tun. Ich nehme die Frage der Sexualität sehr ernst und öffne diesem Problem im Rahmen meiner Behandlung damit sicher auch die Bühne.

Wenn im Leben einer Patientin oder eines Patienten die Sexualität kaum eine Rolle zu spielen scheint, frage ich mich sofort: Was ist da los?

Warum gibt es da so wenig Gefühle, warum gibt es da kein Bedauern, daß Sex eine so verschwindend geringe Rolle spielt? Dann gibt es auch das genaue Gegenteil, eine Form der Übersexualisierung. Alle Lebensbereiche dieses Menschen bekommen so ein Flirren, alles wird auf nicht angemessene Weise sexualisiert. Zum Beispiel wird jede Begegnung mit anderen angstvoll erlebt, weil unbewußt die Phantasie existiert, daß sich eine sexuell verführerische Situation ergeben könnte.

Beispiel: Eine junge Frau ließ sich in der ersten Zeit von ihrem Ehemann mit dem Auto zu den Gruppensitzungen bringen. Sie wagt es seit längerer Zeit nicht mehr, allein auf die Straße zu gehen. Sie wird nicht nur zur Therapie gebracht und wieder abgeholt. Sie kann auch nicht mehr allein in ein Kaufhaus gehen, klammert sich in allem an den Ehemann. Sie ist so erschöpft durch ihre ständigen Ängste, daß auch zwischen den Ehepartnern kaum mehr anderes abläuft als der Austausch über diese Ängste. Sexuell passiert fast gar nichts mehr.

Vordergründig sieht es so aus, als spiele Sexualität im Leben dieses Paares kaum eine Rolle. Die Ängste stehen im Vordergrund. Im Laufe der Behandlung stellt sich aber heraus, daß die Sexualität sogar eine übergroße Rolle spielt. Die junge Frau hat starke Untreuephantasien. Sie benutzt ihren Mann dazu, daß er sie ständig kontrolliert. Sie hatte eine sehr rigide Erziehung. Für ihr Gefühl prostituiert sie sich schon, wenn sie beispielsweise im Kaufhaus einen Mann trifft, der ihr sympathisch ist. Sie beschäftigt sich ständig mit dem sexuellen Thema, wodurch schließlich die massiven Ängste ausgelöst werden. Sie kontrolliert nicht etwa ihren Ehemann, damit der sich nicht anderweitig orientieren kann, sondern sie benutzt ihn als eigene Gewissensinstanz. Er muß auf sie aufpassen, daß nur ja nichts Unmoralisches passiert.

Eine andere Patientin leidet darunter, daß sie relativ schnell mit Männern ins Bett geht. Sie hat das Gefühl, daß sie wenig dagegen tun kann. Es ergibt sich fast automatisch. Sie leidet, weil sie das Gefühl hat, daß sie die sexuelle Begegnung dazu benutzt, den persönlichen Kontakt zu vermeiden. Sie glaubt, daß auch die Männer sofort mit ihr schlafen wollen, um sie gar nicht erst näher kennenzulernen. Und sie glaubt, daß sie selbst es so rasch tut, weil sie von den Männern auch nicht in ihrer ganzen Persönlichkeit gesehen werden will. Es klingt verrückt: Sexualität, die ja an sich Kontakt zum anderen Menschen ist, engster Kontakt, wird benutzt, um Kontakt zu vermeiden. Das muß aufgelöst werden, damit die Patientin nicht länger von einer Affäre in die andere stürzt, nicht mehr über sich selbst bestimmt, dadurch in Situationen gerät, die sie unglücklich machen.

Die Macht sexueller Phantasie

Wie wir schon im Fall der ersten Patientin gesehen haben, können sexuelle Phantasien übermächtig werden. Sexualität ist nun einmal eine sehr starke Kraft, und es wäre höchst verwunderlich, wenn im Zusammenhang mit Sexualität keine Phantasien entstehen würden. Jeder Mensch hat sexuelle Phantasien. Denken wir nur an die Heiligen: Sie mußten sich aller möglichen Verführungen durch Dämonen und Teufelinnen erwehren.

Phantasien gehören zur *condition humaine*.

Besonders für Frauen ist es wichtig, sich das klarzumachen. Sie sind ja – mehr noch als Männer – dazu erzogen worden, ihre Triebhaftigkeit zu kontrollieren. Deshalb machen sich viele Frauen Selbstvorwürfe, schämen sich ihrer Phantasien, würden sich eher die Zunge abbeißen, als mit jemandem darüber zu reden. Für diese Frauen ist es wichtig zu wissen, daß alle Menschen sexuelle Phantasien haben. Wenn das Gegenteil der Fall ist, wenn mir jemand sagt, er habe keine sexuellen Phantasien, dann wüßte ich als Therapeutin, daß da eine große Verleugnung am Werk ist. Ich würde es als neurotische Problematik ansehen, wenn keine sexuellen Phantasien da sind.

Beispiel: Eine Patientin erzählt mir von ihren Orgasmusschwierigkeiten. Sie hat fast immer einen Orgasmus, wenn sie sich selber streichelt, aber nie, wenn sie mit ihrem Mann zusammen ist. Die Masturbation macht ihr kaum Spaß, und sie wünscht sich verzweifelt, beim Koitus einen Orgasmus zu haben. Wenn sie mit ihrem Mann schläft, gibt er sich auch Mühe, seine Ejakulation möglichst lange herauszuzögern, aber er »kommt« schließlich doch, und sie ist »noch nicht soweit«. Dann wünscht sie sich jedesmal sehnlichst, daß die Tür aufgehen möge und andere Männer hereinkämen, die weiter mit ihr Liebe machen würden. Wegen dieser Wünsche hat sie ihrem Mann gegenüber ein so schlechtes Gewissen, daß ihr alles verleidet ist. Sie mag schon gar nicht mehr mit ihm schlafen, weil sie dann immer von anderen Männern phantasiert — obwohl sie in der Realität keinen anderen möchte.

Diese Patientin begeht den gleichen Fehler wie viele Frauen, denen ihre Phantasien das Leben schwermachen: Sie setzen Phantasien mit der Realität gleich. Die Phantasien geraten sozusagen unter die Fuchtel des schlechten Gewissens. Ich habe mit dieser Patientin versucht, ihre Phantasien konstruktiv zu nutzen. Wir haben gemeinsam herauszufinden versucht, was sie bei ihrem Mann wirklich vermißt. Vielleicht sind die Phantasien ja ein sinnvolles Zeichen dafür, was in der Beziehung verändert werden könnte oder müßte. Vielleicht sind sie der Ausdruck dafür, daß die Frau ein intensives sexuelles Begehren hat, das sie aber fürchtet und mit dem sie ihren Mann verschonen will. Man könnte ganz unterschiedliche Interpretationen finden. Man könnte sagen, sie sei besonders stimuliert durch die Vorstellung, mit mehreren Männern zu schlafen. Vielleicht hat sie die Phantasie, Männer wie Trophäen zu sammeln. Wir sind in einer sehr intensiven Arbeit dabei, das alles zu klären.

In der Phantasie vergewaltigt?

Natürlich können Frauen Vergewaltigungen phantasieren. In diesen Phantasien sind sie sozusagen die Drehbuchautorinnen. Die Frau kann das ganze Szenario entwickeln, ganz nach ihren Wünschen und Bedürfnissen. Sie hat die Überwältigung in der Hand, weiß genau, wer sie »nehmen« soll und wie es ablaufen wird. Die reale Vergewaltigung jedoch, das ist nackte, brutale Gewalt. Ich weiß überhaupt nicht, wie man das verwechseln kann. Es ist doch die absolute Mißachtung der Frau, und das kann man gar nicht oft genug betonen, denn die angeblichen Vergewaltigungs-phantasien werden ja immer noch gegen die Frauen verwen-det. Sogar in Gerichtsverhandlungen. Das ist sicher auch ein Grund, warum sich jede Frau hütet, Vergewaltigungs-phantasien zu thematisieren.

Ich hatte eine Frau in der Gruppe, die real von einem Mann vergewaltigt wurde. Sie ist allein durch ein Waldstück gewandert. Ein junger Kerl kam auf dem Motorrad hinter ihr her. Er hatte einen Schal um, den er ihr um den Hals geworfen und zugezogen hat. Er drohte ihr, sie zu erdros-seln, wenn sie ihm nicht zu Willen sei. Da hat diese noch sehr junge Frau sozusagen mit dem Kopf geschaltet. Hat sich gesagt, ehe der mich umbringt, mache ich mit. Jede in der Gruppe sagte, klar, das hast du völlig richtig gemacht. Doch sie sagte, für sie war hinterher das Allerschlimmste, daß sie sich nicht gewehrt hat. Sie sagte, daß dieses »Es-über-sich-ergehen-Lassen« sie bis heute verfolge. Nicht nur die Tatsache der Vergewaltigung erschrecke und verfolge sie noch heute. Es martert sie auch, daß sie nicht gekämpft hat. Von ihrem Gefühl her hätte sie den Mann mit Zähnen und Klauen und allem, was ihr an Kraft zur Verfügung steht, bekämpfen müssen. Sie hätte ihn auch verletzen müssen.

Obwohl sie von der Ratio her völlig richtig gehandelt hatte, wird sie nun von ihrem eigenen Selbstgefühl einge-holt. Das hat uns alle in der Gruppe sehr beeindruckt. Wir konnten uns da sehr genau einfühlen.

198

Frauenphantasie — Tabu für den Mann?

Immer wieder leben Frauen im Konflikt, wenn sie starke sexuelle Phantasien haben, mit ihren Männern darüber aber nicht sprechen können. Das ist eine wirklich schwierige Frage. Man muß die Beziehung dieses Paares gut kennen, um die Lage richtig zu beurteilen. Generell kann man auf keinen Fall raten. Ich könnte mir vorstellen, daß es für ein Paar durchaus ein Gewinn sein kann, wenn man sich in einer Stunde, in der man besonders offen für den anderen ist, seine Phantasien anvertraut. Das kann ja durchaus zu einer erotischen Erweiterung führen. Doch man muß vorsichtig sein. Wenn beispielsweise in den erotischen Phantasien der Frau andere Männer eine Rolle spielen, kann man nicht vorhersagen, ob der Ehemann oder Freund sich dadurch verletzt fühlt. Vielleicht fühlt er sich auch stimuliert — wer weiß. Warum sollte eine Frau übrigens nicht ein erotisches Eigenleben haben? Eine innere erotische Welt? Sie kann jemandem den Eintritt gestatten — aber ein Geständniszwang ist allemal problematisch.

Andererseits kann es für ein Paar auch sehr schön sein, sich gegenseitig etwas von seiner inneren sexuellen Landschaft zu zeigen. Wobei man ohnehin diese sexuellen Phantasien klar unterscheiden muß:

Es gibt sexuelle Phantasien, die ganz klar festgelegte Szenarien sind. Sie werden vor allem während des Beischlafs mobilisiert, um die Erregung und nach Möglichkeit den Orgasmus erleben zu können. Sie stellen sozusagen ein Hilfsmittel dar, um sexuell erlebnisfähig zu sein.

Dann gibt es Phantasien, die ganz spontan im Zusammensein mit dem anderen entstehen. Sie haben mit dem Partner zu tun. Es tut sich eine ganz neue innere Welt auf, man weiß vorher nicht genau, wo man hingerät, man wird von seiner Sexualität geleitet. Einer oder, was natürlich am schönsten ist, beide Partner fühlen sich plötzlich auf einer exotischen Insel, sie werden zu Blättern, Blüten oder Bäumen oder zu exotischen Tieren, ohne daß sie diese Bilder vorher schon einmal gedacht hätten. Das ist eine der großartigen Möglichkeit sexueller Phantasien. Wenn nichts festgelegt ist, wenn uns die Sexualität plötzlich in eine neue Farbigkeit und Bildhaftigkeit hineinführt, wenn man sich in einer anderen Wirklichkeit befindet.

Daher sollte niemand versuchen, seine sexuellen Phantasien zu verdrängen. Wenn eine Frau zum Beispiel in ihrer Phantasie eine besondere Stellung mit ihrem Partner ausprobieren möchte und sich innerlich oft damit beschäftigt, dann sollte sie mit dem Partner darüber reden. Doch selbst bei einer so »harmlosen« Phantasie muß man gegebenenfalls in der Therapie herausfinden, wie die Frau selber darauf reagiert. Ist es für sie »verboten« und vielleicht darum so reizvoll? In der therapeutischen Situation kann man gemeinsam erarbeiten, warum es so verboten ist, ob es mit früheren Erlebnissen verknüpft ist.

Es gibt ja auch bizarre Phantasien. Man wünscht sich, in Gummikleidung zu lieben, Männer in Frauenkleidern, man möchte geschlagen oder gefesselt werden. Ich denke, je mehr ein Paar miteinander verwirklichen kann, um so besser.

Doch auch dieses Thema ist sehr komplex. Ich kenne Paare, die buchstäblich alles miteinander machen. Sie kennen keine Tabus, probieren alles aus. Doch es läuft auf einer sehr oberflächlichen Ebene, das ist so wie Turnunterricht oder Sportveranstaltung oder Maskenball. Es läuft alles, aber es geschieht nichts. Das Paar ist bald ohne jede Lust, jeder fühlt sich allein. Ich denke, das Kriterium einer intensiven sexuellen Begegnung ist, wie tief ich mich vom anderen berührt fühle, wie aufgelöst ich bin, wie weit ich mich wirklich verloren habe. Eine solche Begegnung hat man nicht jeden Tag, nicht jede Nacht kann man im siebten Himmel sein. Das muß man auch im Zusammenhang mit den Phantasien so sehen. Phantasien sind schön und aufregend, die Realität dagegen ist oft mickrig. Trotzdem ist es ein Mittel der Selbsterforschung und auch der Selbstbefreiung, soviel wie möglich an sexuellen Phantasien zuzulassen. Vor allem scheint es für Frauen hilfreich zu sein, über diese Phantasien ohne Schuldgefühle zu reden.

Fixiert auf den Orgasmus der Frau

Ich habe in meiner Praxis Paare, die dadurch psychisch gestreßt sind, daß die Frau beim Koitus keinen Orgasmus bekommt. Manchmal leiden die Frauen ebenso wie die Männer darunter, doch in den meisten Fällen sind es die Männer, die leiden, weil sie ihrer Frau keinen Orgasmus verschaffen können. Männer haben in den letzten zehn bis zwanzig Jahren gelernt, was sie alles auf die Beine stellen müssen, um als guter Liebhaber zu gelten. Zu diesem Leistungs-Repertoire gehört auch, die Frau zum Orgasmus zu bringen. Und zwar mit dem Penis.

Wenn eine Frau mit ihrem Mann oder Freund beim Verkehr nie einen Orgasmus bekommen hat, dann ist das ja auch nicht ganz ohne Bedeutung. Warum kommt sie durch andere Stimulierung? Nicht, daß ich phallozentrisch orientiert wäre. Ich halte es auch für eine Verkrümmung der Sexualität, den Orgasmus an den Koitus gebunden zu sehen. Ich gehe davon aus, daß unser ganzer Körper eine erogene Zone ist, und Paare können auf die vielfältigste Art zusammensein. Jedes Paar soll und muß auch die Wege finden, die befriedigend für beide sind. Doch: Wenn es sich sozusagen darauf einspielt, daß es mit dem Penis grundsätzlich nie geht, dann hat das Gründe. Vielleicht ist da doch eine gewisse Furcht vor einer bestimmten Form der Auslieferung an den Mann. Vielleicht heißt es aber auch: Das schaffst du bei mir nicht, darüber will ich letztendlich allein bestimmen.

Natürlich ist es gefährlich, orgasmusfixiert zu sein. Denn dann geht es nur noch um den Orgasmus, und das ist im Grunde höchst unerotisch. Doch kann man auch nicht einfach über das Thema hinweggehen, denn für die meisten Menschen ist es von Bedeutung. Wir sind ja in unserer Sexualität sehr stark mit den libidinösen und aggressiven Anteilen in uns konfrontiert. Daher kann ein Orgasmus beängstigend sein. Nicht nur für die Frau, auch Männer erleben das so. Es ist ja auch interessant – und man spricht darüber erst in den letzten Jahren –, daß auch die Männer Orgasmusschwierigkeiten haben.

Ein Samenerguß bedeutet ja noch lange nicht, daß der Mann einen genußvollen Orgasmus hatte. Das hat sehr viel mit der Frage zu tun, ob dieser Mann sich hingeben kann. Das wiederum hängt von seinen frühkindlichen Erfahrungen ab. Wenn ich gelernt habe, daß es gefährlich ist, die Kontrolle aufzugeben, mich preiszugeben, dann werde ich es vermeiden. Und dann ist es vielleicht gerade richtig, daß ich keinen Orgasmus habe.

Darum halte ich im Grunde auch alle verhaltenstherapeutischen Maßnahmen für sinnlos. Denn es ist ja eine ganz wichtige Aussage, wenn jemand den Orgasmus nicht lebt. Natürlich muß man es respektieren und ernst nehmen, wenn er oder sie daran etwas verändern will und Hilfe dazu haben möchte. Aber von vornherein Menschen in orgasmusfähige und -unfähige einzuteilen ist sehr ungerecht.

Doch tendenziell läuft es so, und vor allem die Frauen haben oft große Minderwertigkeitskomplexe, wenn sie nicht orgasmusfähig sind. Wenn man so will, ist es sicher auch ein Verlust, dieses Erleben nicht haben zu können.

Junge Frauen – sexuell überfordert?

Oftmals sind es sehr junge Frauen, die in meinen Gruppen die Sprache darauf bringen, daß nach der Geburt des ersten Kindes die Sexualität einzuschlafen droht, weil sie, die Mütter, keine Lust haben. Eine der Frauen beschrieb das so: »Ich wünsche mir derzeit nichts anderes, als mit dem Baby auf einer Insel zu sein. Dort müßte es lediglich eine Quelle geben mit frischem Wasser, es sollte schöne Früchte geben und sanfte Musik. Und sonst nur mich und mein Baby.«

Diese Frau beschreibt eigentlich exakt einen Zustand der intrauterinen Seligkeit. Sie möchte den Zustand erhalten, den sie in der Schwangerschaft phantasiert hat. Ich denke, es ist auch der Ausdruck des schmerzlichen Abschieds von dieser Verbundenheit und Einheit mit dem Baby, wie sie vor der Geburt bestanden haben. Diesen Zustand möchte sie unbewußt noch fortsetzen. Und da ist natürlich der Ehemann oder der Vater des Kindes jemand, der diese Union stört. Das kann – in seltenen Fällen – sogar pathologische Formen annehmen. Eine Frau zieht sich ganz zurück, so daß die Sexualität einschläft.

Natürlich braucht eine junge Mutter Zeit, sich auf das Baby einzustellen, sich darauf zu konzentrieren, sie muß lernen, mit ihm umzugehen. Da hat der Vater als Sexualpartner weniger Raum als vorher. Wenn dann die Frau aus den vorhergenannten Gründen sich zurückzieht, kann das für den Mann schmerzlich sein. Er wird ausgegrenzt, obwohl er in der Symbiose mit dem Kind auch eine wichtige Funktion hat, selbst wenn er zu Beginn für das Kind noch keine so wichtige Rolle spielt. Schließlich ist er derjenige, der die Familiensituation schützen wird, und nur er kann der jungen Mutter aus der Symbiose mit dem Kind heraushelfen, denn die ewige Symbiose ist weder für die Mutter noch für das Kind wünschenswert.

Doch gibt es auch junge Mütter, die bald nach der Entbindung, wenn der Wochenfluß abgeklungen ist, besonders intensiv auf ihre Männer zugehen können: in einem tiefen Gefühl der Verbundenheit und Dankbarkeit, daß da aus zweien drei entstanden sind. Die es auch in der sexuellen Vereinigung, selbst, wenn sie noch stillen, als überaus genußreich empfinden, wenn die Brüste überfließen. Nicht wenige junge Frauen haben ihren ersten Orgasmus nach der Geburt des Kindes. Da kann viel ins Fließen geraten.

Das ist also die gegenteilige Variante. Und schließlich gibt es nicht nur Frauen, die sich nach der Geburt des Kindes sexuell zurückziehen. Es gibt auch Männer, die das tun. Sie geraten in eine Krise, in ihnen werden Inzestängste mobilisiert. Die Frau ist plötzlich Mutter, man selber ist Vater. Die Eltern nennen sich manchmal sogar gegenseitig »Mama« und »Papa«, und sexuell hat man die größten Berührungsängste.

Natürlich ist mit einem kleinen Kind die Sexualität auch nicht mehr so unkompliziert, man ist nie mehr so ungestört, unbelastet wie früher. Wenn das Kind nicht in irgendeiner Form in die Erotik eingebunden ist, kann es zu Konflikten kommen. Doch Paare, die erotisch offen und flexibel sind, können sich auch zu dritt gegenseitig genießen. Bis es soweit ist, muß ein Partner mit dem anderen Geduld haben.

Zärtlichkeit nur im Bett?

Eine Frau in der Gruppe klagte über sexuelle Unlust, weil ihr Mann außerhalb des Bettes niemals Gefühle zeige. Sie beschrieb also das traditionelle Manko des Mannes, daß die Emotionalität, die vielleicht da ist, nicht ausgedrückt wird oder werden kann: daß manchen Männern so wenig Umgangsformen der Zärtlichkeit zur Verfügung stehen. So hat diese Frau das Gefühl, daß es nur ein Nebeneinander gibt und dann das Bett. Aber keine Zwischentöne.

Ich glaube, daß sich da etwas verändert. Daß etwas jüngere Männer eher in der Lage sind, sich auch jenseits der unmittelbaren Sexualität auszudrücken und auf Frauen zuzugehen. In einer festgefahrenen oder schon viele Jahre dauernden Beziehung muß man erfragen, wie die Partner die Rollen verteilt haben. Was sie jeweils dem anderen delegiert haben. Im eben genannten Fall vielleicht: Du bist die Spezialistin für Zärtlichkeiten, ich bin der Spezialist für die sexuelle Initiative. Nur wußte die Ehefrau nichts von dieser Abmachung. Und dann kann man völlig verblüfft vom Mann dieser Frau hören: Ich würde mir so wünschen, wenn sie mal auf mich zukommen würde, wenn sie Lust hat, immer muß ich im Bett die Initiative ergreifen.

Ich will damit sagen, daß Männer oftmals gar nicht so glücklich sind in ihrer Rolle, daß sie aber auch nicht herausfinden. Und die Frauen sind ebensowenig glücklich, finden aber auch nicht aus ihrer passiven Erwartungshaltung heraus.

Für die Zukunft bin ich optimistisch, denn viele Männer haben entdeckt, daß es ein großes Manko ist, sich nur eindimensional zu verhalten. Hier ist ganz sicher ein Bewußtseinsprozeß in Gang gekommen.

Natürlich ist es für das Orgasmuserleben wichtig, wie

breit die Palette ist, die ein Paar miteinander hat. Also sagen wir mal vom Quickie bis hin zu einem ganz ausgedehnten genußreichen Vormittag im Bett, wenn man sich eventuell nur stundenlang streichelt. Je mehr Möglichkeiten, desto besser. Wenn ein Paar nach einem »Modell« liebt, wird das sicher irgendwann langweilig, es fährt sich sozusagen fest. Da wünscht man sich, die Vielfältigkeit seiner Phantasien, oder zumindest doch einen Teil davon, umzusetzen in die Realität. Damit man nicht nach festgefügten Ritualen lebt.

Ich glaube, die festgefügten Rollen lösen sich auf. Andererseits werde ich pessimistisch, wenn ich an die Video-Kultur denke. Sie setzt uns Programme vor, so daß wir uns demnächst vielleicht sagen: Was soll ich noch an mir verändern, ich schalte einfach den Kanal mit dem Zärtlichkeitsprogramm ein.

Aber vielleicht sollte man das nicht so pessimistisch sehen, sondern nur aufmerksam beobachten, daß wir nicht verflachen und entkörperlicht werden. Denn je mehr ich meine Geschlechtsrolle differenzieren kann, desto mehr Möglichkeiten habe ich natürlich in der Erotik. Wenn ich als Frau nicht das Heimchen am Herd sein muß und mein Mann nicht nur der starke Beschützer der Kleinfamilie, haben wir ja viele Optionen.

Kann man den Orgasmus lernen?

Ich mache keine spezielle Sexualtherapie. Doch ich habe die Erfahrung gemacht, daß sich im Verlauf einer Psychotherapie auch das sexuelle Erleben deutlich wandeln kann, daß es sich in den meisten Fällen intensiviert und erweitert. Ich kann natürlich kein allgemeines Rezept anbieten, meine jedoch, daß das Bewußtmachen eines Konflikts in jedem Fall die Entwicklung fördert. Wenn Frauen sich in einer Gruppe austauschen, wenn sie miteinander über sexuelle Wünsche, Hoffnungen, Ängste reden können, hilft das den meisten bereits ein Stück weiter. Ängste relativieren sich schon durch das Gefühl, damit nicht allein zu sein.

Wenn eine Frau von anderen erfährt, daß sie auch sexuelle Phantasien haben (und was für welche!), dann kann es ja gar nicht so verboten und böse sein. *Bewußtmachen ist immer besser als Verdrängen.*

Wer seine sexuellen Konflikte verdrängt, macht sich krank. Früher oder später kehrt das Verdrängte zurück, und die Wiederkehr ist meist sehr viel beängstigender und destruktiver. Genauso verkehrt ist natürlich, die sexuelle Befreiung zum Wichtigsten auf der Welt zu machen. Trotzdem geht es in meiner Arbeit nicht darum, mit meinen Wertvorstellungen die Entwicklung des Patienten zu steuern. Ich will in meiner Arbeit den Frauen und Männern dazu verhelfen, den eigenen Weg zu gehen. Die eigene Selbstverantwortung zu finden. Und wenn der eine oder andere dann für mich völlig überraschend reagiert, muß ich das akzeptieren.

Möglichkeiten der Sexualtherapie durch klassische Homöopathie

von Udo Schamell

Nur selten hat eine Patientin oder ein Patient bei mir direkt und offen über Orgasmusprobleme geklagt. Frauen kommen und sagen, daß es ihnen schlecht gehe. Daß sie ständig müde seien und Schmerzen bei der Menstruation hätten. Im Zuge einer gründlichen Anamnese kommen wir dann oftmals darauf, daß die Patientin Orgasmusschwierigkeiten hat. Häufig sogar eine Ablehnung gegen Sex, oder zumindest Gleichgültigkeit. Das ist sehr oft der Fall, wenn beide Ehepartner ganztags berufstätig sind, sich sehr für ihre Arbeit engagieren, gestreßt sind.

In der ausführlichen homöopathischen Anamnese stelle ich immer die Frage nach dem sexuellen Wohlbefinden. Manchmal erst zum Schluß, wie nebenbei. Und zwar ganz unabhängig davon, worüber die Frauen oder auch die Männer klagen. Besonders bei den Männern herrscht ja immer noch das Vorurteil, daß sie immer potent, erektionsbereit und orgasmusfähig sein müßten.

Ich stelle die Frage nach der Libido immer, einfach deswegen, weil die Entfaltung der Sexualität direkt mit der Entfaltung der »Lebenskraft« zusammenhängt. Das ist ein ganz allgemeiner Begriff, den die alten Homöopathen geprägt haben, weil ihnen – naturwissenschaftlich betrachtet – kein anderer zur Verfügung stand. Die Chinesen nannten die Lebensenergie »Chi«. Und die alten Homöopathen (die um 1850 bis 1900, die viel besser beobachten konnten als wir) stellten in ihren Büchern eine direkte Beziehung zwischen der Entfaltung der Lebenskraft und der Sexualität eines Menschen her. Sie behaupteten, was wir in der Praxis immer wieder bestätigt finden, daß Sexualität wie ein Speicher von Lebenskraft sei. Wie ein Kondensator, den man aufladen kann. Und bei dem man auch, banal ausgedrückt, den Stecker reinstecken kann, um Strom abzuzapfen für seine Lebenskraft, seine Kreativität, Lebensfreude, Spannkraft.

Ich habe noch nie einen chronisch Kranken gesehen, gleichgültig ob Mann oder Frau, dessen Libido zufriedenstellend war. Es gibt dafür allerdings keine objektiven Maßstäbe (wie etwa in der Automechanik den Zündzeitpunkt). Man kann also nicht objektivieren, sondern muß sich mit der Aussage des Patienten in bezug auf seine Libido beschäftigen. Sagt er mir, daß er zufrieden sei, kann das heißen, das ich ihn ihn Ruhe lassen soll, daß er darüber nicht sprechen will. Es kann natürlich auch bedeuten, daß er wirklich zufrieden ist. Es kann aber genausogut heißen, daß ich weiterfragen soll. Das muß ich aus seiner Körpersprache, aus scheinbar unbedeutenden Randbemerkungen etc., herauszufinden suchen.

Mit der Entwicklung einer Krankheit ist im allgemeinen eine Verminderung der sexuellen Energie und der sexuellen Aktivität (was nicht dasselbe ist) verbunden. Die sexuelle Aktivität kann völlig unabhängig von Krankheit vermindert sein. Aus Beziehungsproblemen heraus. Aus Unpäßlichkeit heraus. Aus Desinteresse.

Das hat aber — zunächst einmal — nichts mit der sexuellen Energie zu tun. Die sexuelle Aktivität spielt beispielsweise in dem Moment, in dem man nicht verliebt ist, eine zweitrangige Rolle. Gleichzeitig kann die sexuelle Energie sehr stark sein. Da ist auch der Begriff »sexuelle Energie« schon zu eng gefaßt, wie ja auch der Begriff »Sexualität« nicht nur genital begrenzt ist. Er enthält ja alles, was an

Romantik, Erotik, Körpersprache etc. eine Rolle spielt. Und diese Energie spürt man nicht nur körperlich.

Frauen, deren sexuelle Energie vermindert ist, kann in der Regel durch die Gabe eines sogenannten konstitutionellen Mittels geholfen werden. Das bedeutet, daß ihre sexuelle Energie wächst, aber nicht unbedingt die sexuelle Aktivität. Denn die Homöopathie kann natürlich keine Ehe- oder Beziehungsprobleme aus der Welt schaffen. Das Terrain jedoch, auf dem sich diese Probleme abspielen, das innere Milieu der Patientin kann sich verändern. Bei Frauen und Männern gleichermaßen. Ob die sexuelle Energie dann als autoerotische (selbstbefriedigende) Aktivität wächst oder vielleicht sogar außerhalb der Beziehung – dafür sind wir natürlich nicht verantwortlich.

Es gibt in meiner Praxis viele Beispiele dafür, daß wir bei Orgasmusproblemen helfen können.

Eine Patientin, eine 40jährige Zahnmedizinerin, litt an einer Psoriasis (Schuppenflechte). Das ist eine Erkrankung, die gerade auf emotionalem Gebiet unheimliche Verheerungen anrichten kann. Und zwar nicht nur in bezug auf das Aussehen der Haut, auf Gesehenwerden und Verdeckenmüssen, sondern gerade auch auf sexuellem Gebiet. Die Haut bleibt trocken, auch in der Vagina, obwohl die Frau erregt ist. Der Juckreiz, der in der sexuellen Erregung auftreten kann, zerstört jede Erotik. Das macht sich körperlich und emotional in einer starken Unsicherheit bemerkbar. Man möchte den Körper nicht zeigen, kann nicht unbefangen mit dem anderen umgehen, schottet sich ab.

Die Patientin litt bereits zwölf Jahre an der Psoriasis und hatte bemerkt, daß ihre sexuelle Spannkraft nachgelassen hatte. Ihr war bewußt, daß dies mit ihrer inneren Abwehrhaltung zusammenhängen müsse. Ich verordnete ihr SEPIA, ein Sekret aus dem inneren Schleimhautbeutel des Tintenfisches. SEPIA ist ein Mittel, das in seinem Arzneimittelbild die einschlägigen Symptome hat: Abneigung gegen Koitus, was nicht allein technisch zu verstehen ist. Orgasmusunfähigkeit. Verzögerter Orgasmus. Schmerzhafter Orgasmus. Sterilität.

Die Patientin berichtete mir, was alles mit ihr passierte. *In* ihr passierte. Zunächst spürte sie, daß sie allgemein lebensfroher wurde. Sie konnte in ihrer Familie, im täglichen Leben, wieder viele Glücksmomente erleben. Ihre Haut heilte ab, und langsam kehrte auch ihre sexuelle Spannkraft zurück. Das bedeutete für sie zunächst einmal, daß sie wieder unbefangen Nähe suchen konnte. Es war für sie ganz besonders wichtig, daß die Haut abheilte. Haut hat ja etwas sehr Erotisches. Und wenn dann keine Barriere mehr besteht — wenn man sich wieder ankuscheln kann, ohne Hemmungen, dann schafft das eine neue Nähe. Das machte sie wieder frei für die Sexualität, für intensive Erlebnisfähigkeit. Damit stieg sowohl die sexuelle Energie als auch die Aktivität. Das war in diesem Fall miteinander gekoppelt. Wenn eins in Gang gesetzt wird, bedingt es oft das andere. Dann wird ein Prozeß der Regulationskräfte freigesetzt. Heute geht es der Patientin hervorragend. Ihre Haut ist gesund und schön, ihre Beziehung nicht mehr gestört, ihre sexuelle Erlebnisfähigkeit so stark wie nie vorher. Auch die Orgasmusfähigkeit.

Die Homöopathie kennt an die fünfzig Mittel, die in ihrem Arzneimittelbild das Symptom »Abneigung gegen Koitus« haben. Wenn auch die anderen körperlichen, geistigen und emotionalen Symptome zu diesem Mittel passen, kann eine Verabreichung verblüffende Wirkung haben. Patienten wie Patientinnen kommen emotional wieder mit sich ins reine, sind in Harmonie mit sich selbst – was natürlich nicht heißt, daß sie plötzlich irgendwelche ominöse sexuelle Akkordsätze erfüllen.

Mit sich selbst ins reine kommen kann sich nach sogenannten normalen Maßstäben in vermehrter Aktivität niederschlagen – oder auch in verminderter. Es kommt immer auf das subjektive Wohlbefinden an, nie auf sogenannte objektive Kriterien.

Junge Menschen stehen mehr unter sexuellem Leistungsdruck als ältere. Junge Frauen, vor allem nach der Geburt eines Kindes, erleben eine hormonelle Umstellung, einen unglaublichen Streß. Unsicherheit. Wie gehe ich mit meinem Kind um? Wie ziehe ich es auf? Wie behandle ich es richtig? Es gibt Auseinandersetzungen mit manchmal noch chauvinistischen Männern, die mit ihrer Vaterrolle nicht zurechtkommen, massive Probleme in der Beziehung aufgrund dieser kleinen dritten Person, die plötzlich da ist. Ein Großteil der Erotik spielt sich jetzt – ob bewußt oder unbewußt – zwischen dem Neugeborenen und der Mutter ab. Ich höre dann oft von den jungen Müttern, daß auf der Ebene der geschlechtlichen Sexualität nichts mehr läuft.

Eine junge Frau, die meine Praxis aufsuchte, hat ihr Baby sieben Monate gestillt. Sie ist nervlich sehr angespannt, weil das Kind zwei- bis dreimal in der Nacht kam. Sie war auch körperlich fertig, weil sie durch das lange Stillen einen großen »Säfteverlust« hatte. Ihre Brustdrüsen liefen dauernd auf Hochtouren, verbrauchten Energie. Die Frau war also körperlich und seelisch ziemlich fertig. In einem solchen Fall kann das Arzneimittel CHINA wirksam helfen. In anderen weniger.

Versagen kann CHINA bei Patientinnen, die gleichfalls unter sexueller Lustlosigkeit und Orgasmusproblemen leiden, wenn die Ursachen woanders liegen. Eine junge Patientin hatte massive Eheprobleme, denn ihr Mann hatte sich nach zweijähriger Ehe einer anderen Frau zugewandt. Er sprach zwar mit seiner Frau nicht darüber, verbrachte aber die Freizeit konsequent mit seiner Freundin und ließ sich auch offiziell mit ihr sehen. Als seine Frau ihn schließlich zur Rede stellte, sagte er nur kühl, sie könne sich ja scheiden lassen.

Diese Patientin habe ich mit NATRIUM muriaticum behandelt. NATRIUM muriaticum ist ein richtiggehendes »Kummermittel«, es hat in seinem Arzneimittelbild die Folgen von Traurigkeit, gleichzeitig den Widerwillen gegen Sexualität.

Diese Beispiele zeigen, daß die äußeren und inneren Einflüsse auf das Sexualleben in der Homöopathie eine große Rolle spielen. Ganz im Gegensatz zur Allopathie, wo wir gar keine Möglichkeit haben, die Orgasmusfähigkeit oder die Libido direkt zu beeinflussen.

Jede Frau und jeder Mann hat ein individuelles sexuelles Feld. Es ist schicksals- und personengebunden, dem Menschen eigen wie sein Daumenabdruck. Es gibt nicht zwei Menschen, die auch nur annähernd die gleichen Maßstäbe haben. Oder gleiche Vorlieben und Praktiken. Auch sind unsere Signalempfänger völlig unterschiedlich. Je länger zwei Menschen zusammenleben, desto mehr kann sich dies natürlich angleichen.

Mit der klassischen Homöopathie können wir die Menschen sehr individuell therapieren. Wir können ihre individuelle Sexualität fördern, nicht die marktgerechte, die man aus den Medien übernimmt. Wir wollen niemandem den Zeitgeist überstülpen, sondern die eigene, unverwechselbare Sexualität wiederentdecken helfen. Das bedeutet in der Regel zuerst einmal Harmonie auf der emotionalen Ebene. Das ist die Voraussetzung für alle körperlichen Heilungen. Das heißt, die Heilung pathologischer Prozesse auf der körperlichen Ebene geht nie vonstatten ohne Harmonisierung auf der emotionalen Ebene. Beispiel:

Ein 57jähriger Patient klagte über Gliederschmerzen. Morgens mußte er erst ausgiebig heiß duschen, bis er überhaupt fähig war, seine Gelenke zu bewegen. Auch klagte er über Schmerzen in der Lebergegend. Ich habe eine ausführliche Anamnese gemacht, um das ganz individuelle Krankheitsbild des Patienten herauszuarbeiten. Jeder Mensch hat ja Allerweltssymptome, die jeder Dritte auch hat. Doch es kommt vor allen Dingen auf die Symptome an, die das Krankheitsbild des Patienten individualisieren, es zu *seinem* unverwechselbaren Krankheitsbild machen.

Nach seinen Klagen über die unterschiedlichen Gebrechen hätte ich die Auswahl zwischen fünf oder sechs Mitteln gehabt. Doch ich spürte, daß ich das Wesentliche über ihn noch nicht wußte. Ich fragte also weiter. Fragte ihn, wie er sich im Alltag fühle, wie es ihm in seiner Ehe ginge. Es zeigte sich, daß er chronisch unzufrieden war, auf die kleinsten Unstimmigkeiten cholerisch reagierte, daß er auch an seiner Frau ständig herummäkelte. Schließlich rückte er damit heraus, daß es auch im Bett nicht mehr so ginge, wie er es gerne hätte. Er konnte das nur sehr schwer ausdrücken, das Thema war ihm äußerst peinlich, aber schließlich doch so wichtig, daß er mir beschrieb, daß er keine Erektionsfähigkeit mehr habe. Immer, wenn er eindringen wolle, würde sein Penis schlaff.

Damit ergab sich plötzlich ein sehr individuelles Symptom, das den ganzen Fall in ein unverwechselbares Licht rückte. Ich habe ihm NUX vomica gegeben. Unter diesem Medikament verschwanden in zwei Tagen seine Gliederschmerzen. Nach einer Woche rief er mich an, war guter Stimmung und sagte, daß »alles andere« auch wieder klappe. Das heißt, daß ich ihm nicht hätte helfen können, wenn ich ihm lediglich ein Mittel gegen Gliederschmerzen gegeben hätte. Solange seine emotionale Ebene in Unordnung war, trat keine körperliche Heilung ein.

Viele Männer leiden unter vorzeitigem Samenerguß – ein Problem, das in zahlreichen Fällen gut therapiert werden kann. Allerdings nicht durch die Allopathie. Es kann nur auf der Grundlage der dem Menschen eigenen Abwehrkräfte behandelt werden. Das sind die Kräfte, die sein Organismus selbst hat und die auch nur dieser Organismus kraft seiner Abwehrmechanismen wieder abstellen kann. Oder anders: Die Störung, die im Organismus entstanden ist, kann nur durch dessen eigene Reparations- und Regenerationsmechanismen geheilt werden. Es gibt keine andere Möglichkeit zu heilen, als die Selbstheilungskräfte des Körpers zu stimulieren. (Das betrifft die chronischen und akuten Erkrankungen und stellt selbstverständlich nicht die Notwendigkeit des allopathischen Eingreifens in der Notfall- oder Intensivmedizin oder bei chirurgischen Indikationen in Abrede.)

Frauen sprechen im allgemeinen viel eher über ihre sexuellen Probleme als Männer, da diese sich allzuoft in die Rolle des Machers und Könners gedrängt sehen. Für einen Mann ist es häufig gleichbedeutend mit Gesichtsverlust, wenn er über fehlende Potenz sprechen muß. Bei Männern ist es fast immer so, daß sexuelle Probleme als Begleitsymptomatik erscheinen und nicht als zentrale Frage. Sie kommen also häufig mit Herzrhythmusstörungen in die Praxis oder, was sehr häufig damit vergesellschaftet ist, mit Prostatabeschwerden.

Die Erektion ist ja nichts anderes als Blutfülle, die den Penis hart macht. Wenn die zuführenden Nervenreflexe oder Blutgefäße aus körperlichen oder emotionalen Gründen nicht normal reagieren, strömt nicht so viel Blut in den Penis, wie notwendig ist, um das Gewebe prall zu machen. Also hat der Patient Erektionsschwierigkeiten. Wenn zum Beispiel ein Prostata-Patient kommt, klagt er über Schwierigkeiten beim Wasserlassen, jedoch fast nie über Erektionschwierigkeiten. Das muß der Arzt erfragen. Und er muß abklären, ob diese Erektionsschwierigkeiten auch einen psychischen Hintergrund haben — oder ob in der Folge der Erektionsschwierigkeiten psychische Beschwerden entstanden sind. Das hat auch Auswirkungen bei der Arzneimittelwahl. LYCOPODIUM ist ein herausragendes Mittel gegen die männliche Impotenz. Calcium carbonicum, CONIUM oder PULSATILLA zum Beispiel können bei einem Prostataadenom (Tumor) wirksam sein, in dessen Folge erst Schwierigkeiten auf der emotionalen Ebene entstanden sind, die Erektionsschwierigkeiten also zu psychischen Problemen geführt haben und nicht umgekehrt. Wenn dann aufgrund der Behandlung die Vergrößerung der Prostata zurückgeht und der Blutdurchfluß wieder frei wird, wodurch die Erektionsschwierigkeiten behoben werden, verringert sich im allgemeinen auch die emotionale Disharmonie.

Wesentlich ist das Verständnis von Sexualität.

Die Allopathie zeichnet sich durch die großen Aufteilungen aus: innere Medizin, Chirurgie, Nephrologie, Pädiatrie, Gerontologie und so weiter. Ein anderes großes Spezialgebiet ist die Endokrinologie. Die Allopathie nimmt sozusagen eine Analyse der einzelnen Funktionen des menschlichen Organismus vor, ist aber bis heute unfähig, das Ganze in einer Gesamtschau wieder zusammenzusetzen.

In der Allopathie gibt es keine einzige Fakultas, die systematisch eine Gesamtschau aller Fächer betreibt. Das heißt, eine Synthese ist nicht mehr möglich. Und somit auch keine daraus abgeleitete Therapie. Die Therapie wird im allgemeinen von den Fachdisziplinen vorgenommen und behandelt nur die Symptomatologie des Falles. Etwa so: Sie fahren in Ihrem Auto, plötzlich blinkt eine rotes Warnlicht am Armaturenbrett. Sie halten am Straßenrand und wechseln die Birne des Warnlichtes aus. Das ist, vorsichtig ausgedrückt, oberflächlich und kann sogar recht gefährlich werden. Auch in der Medizin werden oft nur die Symptome einer Krankheit behandelt, aber nicht der Grund für das Entstehen der Symptome. Die Symptome werden durch die Behandlung unterdrückt und verselbständigen sich dann oft. Je mehr das passiert, desto tiefer dringt die eigentliche Erkrankung in den Körper ein. Von der körperlichen Ebene gelangt sie dann auch auf die emotionale Ebene. Und wenn die ursprüngliche Erkrankung des Patienten gar nichts mit seinem Sexualleben zu tun hatte, tritt dies spätestens dann ein, wenn die Pathologie der Erkrankung auf die emotionale Ebene vorgedrungen ist. Dann erfaßt sie in der Regel auch die Sexualität. Denn das ist natürlich einer der Schwerpunkte auf emotionalem Gebiet. Daher kann man sagen, daß viele Sexualstörungen eigentlich Erkrankungen sind, die durch medizinisch-allopathische Maßnahmen hervorgerufen wurden. Das kann so passieren:

Betablocker, Cortisone, Antibiotika, Psychopharmaka etc. blocken durch Zufuhr von chemischen (das heißt dem Körper fremde) Substanzen die körpereigene Energie ab. Das kann man zum Beispiel bei Hochdruckpatienten feststellen, vorwiegend bei Männern. Sie nehmen jahrelang Betablocker oder Calcium-Antagonisten ein. Als sogenann-

te Nebenwirkung des Medikaments werden Erektionsschwierigkeiten erfahren und auch benannt.

Was wir so verniedlichend »Nebenwirkung« nennen, ist
nichts anderes als eine Arzneikrankheit. Das heißt, der Körper setzt sich auf seine Art mit dieser Arznei auseinander. Er
entwickelt Symptome im Kampf gegen diese Substanzen,
und diese Symptome erscheinen auch auf der sexuellen
Ebene. Die Patienten haben dann, zynischerweise, einen
ganz normalen Blutdruck. Sie sind also auf der körperlichen Ebene, sagen wir mal, weniger krank. Sie sind jetzt
aber auf der emotionalen Ebene (durch die Erektionsstörungen) schwerst erkrankt. Das kann wiederum die Voraussetzung für den Einbruch anderer körperlicher Erkrankungen sein. Das heißt, man hat letztlich den Spatzen mit der
Kanone erschossen, so daß der Baum, auf dem der Spatz
saß, auch zusammenbricht.

Ein interessanter und wichtiger Aspekt unserer Problematik
ist die sogenannte Nymphomanie der Frau, die eine para-
doxe Form von Orgasmusschwierigkeiten sein kann. Oder
von sexueller Impotenz. Auch diese Problematik ist sehr gut
zu behandeln. Es gibt Frauen (auch Männer, aber die Mehr-
zahl sind Frauen), die äußerst empfänglich für reale oder
eingebildete erotische Reize sind. So sehr, daß der geringste
Reiz ohne große körperliche Umwege zu starker Erregung
führt. Die Frau durchläuft also gar nicht mehr die seit Masters / Johnson bekannten vier Phasen der Erregung, sondern kommt sehr schnell zum Orgasmus. Das ist für diese
Frauen nicht immer sehr angenehm. Zumindest nicht auf
Dauer, da die aufbauende Spannung verlorengeht, das erotische Miteinander fehlt, weil die sexuellen Reize sofort
durchschlagen. In der Regel sind diese Patientinnen ständig
übermüdet. Sowohl körperlich als auch emotional, sie füh-

len sich durch die ständigen Reize überfordert. Für diese Frauen bedeutet sexuelle Lust eine Last, die sie ständig mit sich herumschleppen. Es bedeutet auch eine Dysfunktion auf der körperlichen und auf der emotionalen Ebene.

Auch für diese Fälle kennen wir in der klassischen Homöopathie Medikamente, die in ihrem Arzneimittelbild dieses Symptom haben. STANNUM zum Beispiel kann hier das heilende Medikament für diese Beschwerden sein. Die Erfolge sind hervorragend.

Frigide Frauen gibt es nicht

Im Gegensatz zu den seltenen Fällen von Nymphomanie gibt es sehr viele Frauen, die über Frigidität klagen. Entweder nennen ihre Freunde oder Ehemänner sie frigid, oder sie glauben es nach einiger Zeit selbst von sich.

Eines ist völlig klar: Es gibt keine Frigidität. Ich habe noch keinen Patienten erlebt, dessen Sexualität völlig zerstört war. (Es sei denn bei fortgeschrittenen Krankheiten wie Krebs im Endstadium oder bei multipler Sklerose, bei chronischem Rheumatismus. Es gibt chronische Krankheiten, die dem Körper seine gesamte Reaktionsfähigkeit auf die homöopathischen Hochpotenzen nehmen. Wo die Reparationsmechanismen und die Regulierungsmechanismen einfach auf nichts mehr ansprechen. Auf keinen der energetischen Reize, die mit den Hochpotenzen gesetzt werden. In diesen Fällen ist dann auch die Sexualität wirklich zerstört.)

Aber das ist nicht der Normalfall. Der Normalfall und das Problem, das uns in der Regel beschäftigt, sind die Frauen, die von sich behaupten, sie seien frigid. In dieser Hinsicht wird ungeheurer Druck auf Frauen ausgeübt. Eine Frau lernt, sich für frigide zu halten, wenn sie auf die sexuellen Reize eines Mannes nicht anspricht. In der Regel ist es der Ehemann oder der Freund, es kann aber auch der Chef oder der Arbeitskollege ihr den Vorwurf der Frigidität machen.

Wenn ich mit solchen Frauen über ihre Entwicklung spreche, über ihre Kindheit, ihre Jugend etc., dann finden sich durchaus Episoden, in denen diese Frauen verliebt waren, lustvolle Kontakte hatten. Irgendwann aber stößt man auf ein Ereignis, das das Trauma der sogenannten Frigidität bei der Frau ausgelöst hat.

Fast regelmäßig geht die Abnahme der Lebenskraft mit der Verminderung der sexuellen Energie einher. Die Patientin klagt über Rückenschmerzen, über Migräneanfälle, über Depressionen, über eheliche Zerwürfnisse. Das heißt, die Blockierung sexueller Energien erfolgt nie von sich, sondern ist immer die Folge von etwas anderem. Das läßt, zumindest theoretisch, den Schluß zu, daß menschliche Sexualität eigentlich geschützt ist; daß sie irgendwo behütet in unserem Innern liegt (wenn man es einmal räumlich ausdrücken will). Die Sexualität ist umgeben von vielen Barrieren, die überwunden werden müssen, um das Kleinod Sexualität ernsthaft zu gefährden. Es müssen also heftige Erschütterungen sein, die eine sexuelle Blockade bewirken.

Diese Blockade läßt sich erstaunlich gut behandeln. Der Körper geht bei der homöopathischen Heilung den Weg rückwärts. Er macht das durch, was in der Geschichte der Erkrankung aufgetreten ist. Eine Barriere nach der anderen kann aus dem Weg geräumt werden.

Frigidität durch sexuellen Mißbrauch

Oftmals entsteht sogenannte Frigidität auch durch sexuellen Mißbrauch, den die Patientinnen erlitten haben. Es kommt darauf an, was dieses Ereignis für die Frau bedeutet hat. Es gibt die Möglichkeit der Verletzung auf der geistigen, auf der körperlichen, auf der emotionalen Ebene. Das Schockerlebnis hat in der Regel ja alle drei Ebenen berührt, aber der Schwerpunkt des Traumas ist individuell verschieden. Für eine Patientin war die Vergewaltigung hauptsächlich ein körperliches Trauma: Verletzung der Vagina, Verletzung der Schamlippen und Schmerzerlebnis. Darum kreisten ihre Ängste. Das Trauma auf der geistigen und emotionalen Ebene war bei ihr schwächer vorhanden. Bei einer anderen, jüngeren Patientin war die Verletzung ihrer Integrität, ihres Stolzes, ihrer körperlichen Unberührtheit das zentrale Erlebnis. Bei einer dritten Frau lag der Schwerpunkt des Erlebens weder auf der körperlichen noch auf der emotionalen Ebene. Sie hatte von Natur aus eine eher schwache Konstitution. Bei dieser Frau schlug das Vergewaltigungstrauma als krankmachender Reiz auf die hierarchisch höchste Ebene durch, auf die geistige Ebene. Diese Patientin reagierte mit einer Psychose, sie wurde psychisch krank.

Je nachdem, auf welcher Ebene der Schwerpunkt des Traumas liegt, muß man unterschiedliche Arzneimittel anwenden. Bei der Frau, die auf der emotionalen Ebene leidet, könnte IGNATIA helfen. Bei der Frau, die am meisten auf der körperlichen Ebene reagiert, kann ARNICA oder HYPERICUM (Johanniskraut) das richtige Mittel sein. Im Fall der dritten Patientin könnte NATRIUM muriaticum oder STAPHISAGRIA das Mittel der Wahl sein.

Das heißt, man kann nicht nur die Folgen von Traumata heilen. Man kann auch sehr differenziert vorgehen, indem man die verursachende *persönliche* Wirkung auf das Individuum ganz genau untersucht, das heißt, nicht nur im psychologischen, sondern auch im rein phänomenologischen Sinne fragt: Was hat dieses Erlebnis mit der Frau gemacht? Und dann kann man das persönlich passende Mittel geben. Wir können unseren Patienten helfen, indem wir auf ihre unverwechselbaren Eigenheiten Bezug nehmen.

Sexuelle Harmonie und Orgasmusfähigkeit

Ich kenne Frauen, die beileibe nicht bei jedem Geschlechtsverkehr zum Orgasmus kommen, das aber keineswegs als ihre Sexualität behindernd oder belastend empfinden. Der Orgasmus wird spätestens seit Masters / Johnson als das I-Tüpfelchen auf dem Kunstwerk Sexualität bezeichnet. Damit wurden Maßstäbe gesetzt, die, wie alle Maßstäbe, den negativen Einfluß haben können, daß man sich ausschließlich an ihnen orientiert. Es wäre ein Verbrechen, eine Frau therapieren zu wollen, die auch ohne Orgasmus glücklich ist.

Orgasmusschwierigkeiten fangen zum Beispiel an, wenn sich jemand benachteiligt fühlt; wenn man unbedingt einen Orgasmus möchte und ihn nicht bekommt; somit meint, die Erfüllung seiner Sexualität nicht zu finden. Dagegen kann man bei voller emotionaler Harmonie nicht von Orgasmusschwierigkeiten reden. Wer jedoch leidet, der sollte sich nach ausführlicher Anamnese homöopathisch helfen lassen.

Pille und weibliche Sexualität

»Die Pille« hat nach meiner Erfahrung auf diesem Gebiet oft eine geradezu verheerende Wirkung. Jede Pille, gleichgültig wie die Zusammensetzung der Gestagene und Östrogene ist, stört das hormonelle Gleichgewicht der Frau. Dabei spielt es keine Rolle, wie sachkundig der Gynäkologe/die Gynäkologin ist, der/die seiner/ihrer Patientin »ihre« Pille verschreibt. Ganz unabhängig davon bringt die Pille das hormonelle Gleichgewicht ins Schwanken. Die Schwierigkeiten, die daraus entstehen, sind in den ersten Jahren der Einnahme vielleicht gar nicht zu merken. Viele Frauen spüren zwar, daß etwas mit ihnen passiert, können es aber nicht so recht einordnen. Sie führen ihr Unbehagen auch nicht auf die Pille zurück. Denn im Beipackzettel steht nicht, daß es zu Veränderungen im sexuellen Leben oder in der Orgasmusfähigkeit kommen kann.

Doch jeder aufgeschlossene Gynäkologe wird bestätigen, daß die Pille nicht nur das hormonelle Gleichgewicht gefährden kann, sondern auch das sexuelle Erleben. Man erfährt immer wieder von Patientinnen, daß die Zufuhr von Hormonen krankmachenden Einfluß haben kann, auch auf der emotionalen Ebene. Nicht umsonst spricht man von der typischen Pillen-Depression.

Das ist ein Alarmzeichen. In der Allopathie heißt es dann, die Patientin habe halt seelische Probleme oder brauche eine andere Pille. Man merkt nicht oder will nicht merken, daß gerade die seelischen Problem viel tiefer und deutlicher den pathologischen Prozeß anzeigen, als es körperliche Symptome tun.

Eine Frau, die die Pille nimmt und unter Orgasmusproblemen leidet, sollte sich auf alle Fälle über Alternativen der Empfängnisverhütung unterrichten.

Über die Autor(inn)en

ASTA SCHEIB, Schriftstellerin, lebt in München. Buchveröffentlichungen u. a.: *Langsame Tage* (1981), *Schwere Reiter* (1982), *Kinder des Ungehorsams* (1985), *Diesseits des Mondes* (1987), *Der zweite Anlauf zum Glück – Risiko und Chance der Stieffamilie* (1987), *Dein wahrhaft sorgfältiger Vater – Briefe an Kinder* (1988).

XENIA FRENKEL, freie Publizistin, Übersetzerin und Rundfunkjournalistin, lebt in München.

MARINA GAMBAROFF, frei praktizierende Psychoanalytikerin, lebt in Frankfurt. Buchveröffentlichungen: *Utopie der Treue* (1984), *Sag mir, wie sehr liebst du mich* (1987).

BRIGITTE LÄMMLE, Diplom-Psychologin, frei praktizierende Familientherapeutin, Ausbilderin für Familientherapeuten, Psychologische Beraterin beim Südwestfunk, lebt in München, Herausgeberin des Buches *Lieb mich, Baby*.

UDO SCHAMELL, Dr. med., Arzt für klassische Homöopathie, lebt in München.